1 2 3 4 14 13 12 11

Umschlaggestaltung: Karin Kröll, Hamburg

Lektorat: Oliver Domzalski

Lektoratsassistenz: Klaus Maurer

Layout und Herstellung: Petra Krück

Lithografie: ReproTechnik Ronald Fromme, Hamburg

Druck und Bindung: CPI – Ebner & Spiegel, Ulm

ISBN 978-3-551-68181-2

www.carlsenhumor.de

Martin Nusch, geboren 1968 in Stuttgart, bereist die Welt seit Jahren in einem uralten Benz. Seit das Auto mit abgelaufenem TÜV in Köln liegenblieb, lebt auch er dort, inzwischen mit Frau und zwei Kindern. Er wohnt in der Nähe der Werkstatt und vertreibt sich die Zeit mit dem Schreiben von WDR-Radioreportagen, Kinder-Hörbüchern und Büchern.

Martin Nusch ›

Der Abreiseführer

88 Städte, die Sie unbedingt verlassen sollten

Carlsen ⇆ Tags ⓘ

Verehrte Leserin, lieber Leser!

»Das Leben ist nie so schlecht, dass Deutschland besser wäre«, sagt der britische Moderator Jeremy Clarkson.
Das ist möglicherweise geringfügig **übertrieben**, aber wenn man durch deutsche Innenstädte geht, versteht man, was er meint.

Sagen wir es so: In Stuttgart kritisieren die Bürger, dass der Hauptbahnhof unter die Erde verlegt werden soll. Dabei geht der Bahnhof ja noch – aber der **Rest der Innenstadt** wäre unterirdisch besser aufgehoben.

In diesem Buch werden Sie lernen, welche deutschen Großstädte Sie besser meiden (alle!), was Sie einem Einwohner am besten sagen, damit er **wirklich sauer** wird – und vor allem: wie Sie aus diesen Städten wegkommen.
Manche der besprochenen Städte habe ich **selbst besucht**, bevor ich den Text dazu geschrieben habe. Ich weiß also, wovon ich spreche.

Dieser Abreiseführer wird Ihnen sicherlich **kaum einmal hilfreich** sein. Außer, es quatscht Ihnen mal wieder jemand den ganzen Marketingmüll der Tourismuswerbung über seine oder Ihre Heimatstadt vor. **Dann** zücken Sie lässig dieses Buch und kontern. Lesen Sie eine ganze Seite vor. Die Person wird Sie danach **nie wieder** unüberlegt volllabern. Möglicherweise wird sie sogar überhaupt nie wieder mit Ihnen zu tun haben wollen.

Welches Buch kann schon von sich behaupten, solche Wirkungen zu erzielen?

Gute Abreise wünscht Ihnen Ihr
Martin Nusch

Der Autor, telefonierend, bei der Recherche (stundenlang hinter dem Google Streetview-Auto herfahrend). Quelle: Google Streetview

Aachen ›

Restaurant Mykonos in Aachen-Brand. Auf der Speisekarte u. a. »Sauerbraten mit Pommes und Apfelmus« für € 8,-

Daten

Bundesland	Nordrhein-Westfalen
Bewohner	259 269
Berufsgrundschüler	163
Katholiken	54,7 % der Bevölkerung (im Bistum Aachen)
Platz auf der dt. Scheidungstabelle	1 (4,32 Scheidungen pro Jahr auf 1000 Einw.)
Nichtwohngebäude mit Wohnraum	793
Regentage / Jahr	157

Lage

Aachen selbst ist nicht ausgeschildert. Aus Richtung Belgien kommend folgen Sie den Schildern »Aix-la-Chapelle«, aus Richtung Köln den Schildern »Belgien«. Jeweils gilt: Wenn die Schilder aufhören, sind Sie **zu weit**.

Dialekt / Volkstümliches

Früher sprachen die Leute hier »Öcher Platt«. Das kann allerdings kaum jemand mehr. Nur bei Karnevalssitzungen wird der Dialekt noch benutzt, weil man hier wie fast überall in Deutschland der Meinung ist, dass Dialekt an sich bereits komisch sei.

Hier wird Kultur kleingeschrieben.

Den »**Klenkes**« genannten kleinen Finger recken Aachener hoch, wenn sie draußen in der Welt nicht mehr weiterwissen. Hilft immer dann, wenn auch andere Aachener anwesend sind. Also eher selten.

ⓘ **Tags** ⇉ AKW, Kohl, Mord

Geschichte

Wer Angst vor dem Westen hat (→Linkspartei), sollte Aachen meiden: Es war die erste deutsche Stadt, in der der Zweite Weltkrieg zu Ende war. Am 21. Oktober 1944 rückten US-Truppen ein. Die Bewohner aller anderen deutschen Städte ließen sich tapfer noch ein Weilchen länger totschießen.

Berühmte Bürger

Auch im Bunker ist Kultur drin: Es handelt sich um einen Konzertsaal namens »Klangbrücke«.

Entweder Karl der Große. Die Überreste des Gloriosissimi Regis befinden sich im Aachener Dom. Unter seiner Herrschaft, heißt es, sei das Frankenreich am größten gewesen. 814 starb er, heilig ist er inzwischen auch.

Oder ein gewisser Herr Illig hat Recht, der seit Jahren versucht zu beweisen, dass die knapp 300 Jahre von 614 bis 911 erfunden und alle Dokumente aus dieser Periode gefälscht sind – inklusive des großen Karls.

Dann gäbe es **keinen** berühmten Bürger.

Fußball

Kaum. Dafür Reiten! Jährliches Turnier. Nennt sich CHIO, hat aber wohl nix mit Chips zu tun. Findet immer bei Regen statt.

Heiratsmarkt

Vorsicht! Touristenfalle! Die Aachener bevorzugen unbedachte Ja-Worte und kurze Ehen: Die Scheidungsquote ist **doppelt** so hoch wie beispielsweise die von Stuttgart oder Münster – und **dreimal** so hoch wie die von Kassel.

Gut zu wissen

Die *FAZ* interviewte 2009 den (nach eigener Aussage) »ersten DJ der Welt«, der 50 Jahre zuvor in einem Aachener Restaurant das Plattenauflegen mit launiger Ansage erfunden hatte. Seine Sprüche zwischen den Platten waren etwa: »Krempeln Sie die Hosenbeine hoch, wir lassen Wasser ein, denn … Ein Schiff wird kommen«, und dann spielte er Melina Mercouri.
Nicht, dass DJ-Sprüche irgendwo anders **besser** wären – aber in Aachen hat das Grauen begonnen!

Unbedingt meiden

Die **Unterführung** am Hauptbahnhof. Die Anwohner veranstalteten 2003 die 1. deutsche Parfumdemo, indem sie gesammelte Duftwässer verschütteten. Nach einigen Tagen zeigte sich: Der Tunnel wurde die Bezeichnung »Harnröhre« trotzdem nicht los.

Abreise

Nur Mut! Wenn Sie in Aachen sind, haben Sie es schon fast geschafft. Noch ein winziges Stück und Sie sind in Belgien. (Lecker Pralinen!)

Augsburg ›

Die Zirbelnuss ist keine Birne (und erst recht keine Nuss), sondern ein Pinienzapfen.

Daten

Bundesland	Bayern
Autokennzeichen	A
Bewohner	263 313
Opernhäuser	0
Schusswaffen	16 000
Marktschreiertage	2. bis 5. Juni 2011
Höchstes Gebäude	Hotelturm
Regentage / Jahr	206

Lage

Augsburg liegt am Zusammenfluss von Lech, Wertach und Singold. Obwohl also fast überall **Wasser** ist, finden sich in der Stadt gerade mal 500 Brücken, das sind nur halb so viele wie in Hamburg.

Dialekt / Volkstümliches

Wie in allen anderen deutschen Städten auch, sprechen die Bürger ihre Stadt nicht so aus, wie man sie schreibt. Sie sagen »Augschburg«. Denn Augsburg gehört zwar zu Bayern, will aber **schwäbisch** sein. Gehörten sie zu Schwaben, strebten sie nach Bayern. Wetten?

Geschichte

Die **Römer** brachten hier vor über 2000 Jahren die Besiedlung in Gang. Der Stadtname leitet sich von Kaiser Augustus ab, dessen Stiefsöhne ein Militärlager aufschlugen und sich bei der Namenssuche wenig phantasievoll zeigten.
1999, beim sogenannten Pfingsthochwasser, versuchten Lech und Wertach die Stadt **loszuwerden**. Der Versuch scheiterte zwar, richtete jedoch beträchtlichen Sachschaden an.

Berühmte Bürger

Rudolf Diesel kam mit zwölf Jahren nach Augsburg. Schon früh bastelte er an Motoren. Aus Ärger über die stinkenden und lauten Dampfmaschinen, die es

damals gab, erfand er den stinkenden und lauten Dieselmotor. Er starb nicht in Augsburg, sondern stürzte unter ungeklärten Umständen des Nachts von einem Schiff in den Ärmelkanal.
Bertolt Brecht wurde in Augsburg geboren. Schon früh bastelte er an kriegskritischen Texten. Aus Ärger über die stinkenden und lauten Nazis ging er nach Amerika, später dann aus Ärger über die stinkenden und lauten Amis wieder nach Europa. Er starb nicht in Augsburg und auch nicht im Ärmelkanal, sondern in ▸ Berlin.

Bekannt durch …

… Zwetschgendatschi. Die Augsburger haben den **Pflaumenkuchen** erfunden. Vorher gab es ihn auf der ganzen Welt nicht.

Heiratsmarkt

Die **gute Nachricht**: Es gibt noch Nachkommen der Fuggers in der Gegend – der einst reichsten Familie der Welt! Die schlechte: Der Reichtum hat etwas nachgelassen. Die ganz schlechte: Die Partnersuchfunktion auf »Augsburg-Wiki« wurde nach zweieinhalb Jahren ohne Eintrag stillgelegt und in »Sonstiges Wissen« umbenannt.

Gut zu wissen

Die Stadtgründungsurkunde von **München** wurde 1158 in Augsburg ausgestellt. Wenn sich also heute immer wieder Augsburger darüber beschweren, dass sie zur »Metropolregion München« gezählt werden: selber Schuld! Ihr hattet die Chance, den Spieß umzudrehen.

Abreise

Sie sind in Augsburg aufgewachsen und haben Sekretärin gelernt? Machen Sie's wie **Magda Schneider**: Lassen Sie sich für den Film entdecken, nennen Sie Ihr Kind Romy, und hui, geht's hinaus in die Welt!

»Schau mal, Angela, schon wieder welche mit einem Brecht vorm Kopf!«

Bayreuth ›

Die Götterdämmerung in Gelb. Im Hintergrund die Walhalla. Aufgenommen in Reutlingen.

Daten

Bundesland	Bayern
Verkehrsunfälle	617 auf 100 000 Einw.
Bewohner	72 935
Logen im Festspielhaus	0
Gepolsterte Sitze im Festspielhaus	0
Regentage / Jahr	137

Lage

~~Am Berg~~. ~~Am Hang~~. Am Hügel.

Dialekt / Volkstümliches

GERHILDE

Hojotoho! Hojotoho! Heiaha! Heiaha! Helmwige! Hieher mit dem Ross!

HELMWIGE

Hojotoho! Hojotoho! Heiaha!

GERHILDE, WALTRAUTE UND SCHWERTLEITE

Heiaha! Heiaha!

Das sind die Texte, für die man aus aller Welt zu den Bayreuther Festspielen kommt.

Geschichte

Bayreuth hat eine lange und vielfältige Geschichte, die jedoch keinen interessiert, weil 1870 Richard Wagner die Stadt für die Aufführung seiner Werke erwählte. Er ließ auf dem Grünen Hügel ein Festspielhaus bauen, da ihm das vorhandene Opernhaus zu mickrig war. Seitdem ist Bayreuth die Wagnerstadt. **Hojotoho**.

Berühmte Bürger

Der Wahl-Bayreuther Richard Wagner hatte recht eigene Vorstellungen von guter Musik. Besonders wichtig war ihm, dass sie nicht von **Juden** gemacht war.

»Am allerwenigsten durch seinen Gesang« sei der Jude in der Lage, »sich uns künstlerisch kundzugeben«.
Wagners Komponiererei wiederum ist für den jüdischen Filmemacher **Woody Allen** unerträglich: »Immer wenn ich Wagner höre, spüre ich den inneren Drang, in Polen einzumarschieren.«

Was alle anschauen

Das Festspielhaus. Es vereinigt »den Charme eines Oktoberfest-**Bierzeltes** mit der Leichtigkeit eines Gründerzeitbahnhofes«. (Herbert Rosendorfer)
Das Jahr über ist geschlossen, weil eh keiner käme. Aber Ende Juli stürmen dann all die Reichen und Wichtigen hinein, weil Wagnerhören so **super** ist.

Abreise

Hagen wirft **hastig** Speer, Schild und Helm von sich und stürzt wie wahnsinnig sich in die Flut: »Zurück vom Ring!« (Götterdämmerung, 3. Aufzug, 3. Szene)

Tragen Sie hier einfach den Namen Ihrer Lieblingskneipe ein.

Bergisch Gladbach

Weil Kreisverkehre die Autos zu zügig durchlassen, wurden in Gladbach extra Gleise durchgelegt und elf rote Ampeln dazugestellt.

Daten

Bundesland	Nordrhein-Westfalen
Bewohner	105 901
Davon Portugiesen	125
Top-Ortsteile	Herrenstrunden, Lustheide, Hand, Sand
Bundesligaclubs namens »Borussia«	0
Regentage / Jahr	216

Lage

An der Strunde, »Deutschlands fleißigstem Bach«, der von hier nach Köln fließt, um sich dort auszuruhen.

Geschichte

Herzog Jan Wellem ließ Schloss Bensberg um 1700 als Jagdschlösschen bauen – schlappe 150 Zimmer groß, nach Wiener Barock-Vorbild. Seine für die Jagd eigens gezüchteten **Hirsche** fraßen den örtlichen Bauern die Felder kahl. Irgendwo bellte sein Hund. Aus irgendeinem rätselhaften Grund mochten sie ihn trotzdem.

Berühmte Bürger

»Die kennen wir nicht. Claudia kennt die auch nicht«, sagt Karl Lagerfeld über **Heidi Klum**, das Fräulein Rottenmeier der Supermodel-Fernsehshow. Sie stammt aus Bergisch Gladbach (was hier auch keiner mehr hören kann).

Gut zu wissen

Das *Bergisch* im Namen kommt nicht daher, dass es hier besonders **bergisch** ist, sondern weil das früher hier herrschende Adelsgeschlecht »von Berg« hieß. (Da, wo die herkamen, war es vermutlich recht bergisch.)

Abreise

S 11 nach Köln, dauert nur 20 Minuten.

Beimer, Löwe ⇆ **Tags** ⓘ

Berlin ›

»Telesp… sag's nicht!!!«

Daten

Bundesland	Berlin
Autos pro 1000 Einw.	359,6 (letzter Platz in Deutschland)
Verkehrsunfälle	124 992 (1. Platz in Deutschland)
Bewohner	3 443 000
Mitglieder der Heilsarmee	300
Stelzvögel in Berliner Zoos	302
Höchste Erhebung	Teufelsberg mit 115 m (künstlich; besteht aus Weltkriegstrümmern)
Regentage / Jahr:	130

Lage

Dickes B im Sand an der Spree.
»Wer dort eine Stadt gegründet hat, den muss der **Teufel** geplagt haben«, notierte Stendhal 1808.

Dialekt / Volkstümliches

»Icke, dette, kieke mal, Oogen, Fleesch und Beene« – so klingt Berlinerisch. Den Westberlinern in ihrer Insellage war der Dialekt nach dem Krieg zunehmend peinlich. Die im Osten kannten da nix: **Hauptstadt**, wa?!
Die Berliner Schnauze ist traditionell beliebt bei Leuten, die die Stadt nicht kennen. Wenn man das erste Mal dort ist, stellt man allerdings fest, dass die vielen tollen Ausdrücke gar **nicht wirklich** benutzt werden. Nichts peinlicher als ein Berlintourist, der den »Telespargel« oder die »Schwangere Auster« sehen möchte und denkt, dass die Berliner den Fernsehturm und die Kongresshalle **wirklich** so nennen.
Freundlichkeit und Höflichkeit sind nicht gerade Stärken der Berliner. Während es dem Besucher in anderen deutschen Städten passieren kann, dass er plötzlich von Wildfremden geduzt wird (München! Köln!), erwischen einen die Berliner gerne mit **Er**: »Hatter denn ooch'n jült'jen Fah'ausweis?«

ⓘ**Tags** ⇉ Bahnhof, CBL, Kohl, Mord, Nr., Schweiz, Topp

Jeschichte

Niemand hatte die Absicht, eine **Mauer** zu bauen. Jedenfalls mehrere Jahrhunderte lang. Dann war es aber eines Tages nicht mehr zu vermeiden. Wie kam das?

Nun, zunächst suchten sich die Deutschen **Hitler** als Führer aus, was natürlich unbeschreiblich dämlich war: Sein Plan sah vor, nicht nur das Ausland plattzumachen, sondern auch die eigene Hauptstadt. Für den Umbau zur neuen **Welthauptstadt** »Germania« hätte man halb Berlin abreißen müssen. Das erledigten dann die Royal Air Force und die Nachkriegsbürgermeister der SPD.

In der DDR ließen die neuen Machthaber den nicht zerbombten Teil der Stadt **verfallen**. Damit die Ruinenbewohner nicht abhauten, musste man 1961 die Mauer bauen. Die hielt allerdings keine dreißig Jahre. Verfall allenthalben.

Berühmte Bürger

Konrad Zuse gilt als Erfinder des Computers. Den ersten Versuch nannte er »Z1«. Das war 1936 in Berlin. Die Kiste wog eine Tonne, war aber schon ein richtiger Computer: Sie stürzte nämlich dauernd ab, weil die Blechteile sich bei Betrieb verhakten. Das erste Gerät stand im Wohnzimmer von Zuses Eltern und füllte den Raum komplett aus. Es sollte bis zur Erfindung des iMac dauern, bis Computer ein etwas gefälligeres Design bekamen als die Zuse'schen Blümchentapeten.

Friedrich Wilhelm von Hohenzollern, im Volksmund »der dicke Lüderjahn« genannt, war von Beruf Lebemann, Spiritist und Taugenichts, ab 1786 nebenher preußischer König (bis 1797), dann tot.

Fußball

Seit 1985 kriegen die Berliner jedes Jahr ein **Pokalfinale** im Olympiastadion geboten. Allerdings war der eigene Verein noch nie dabei. Da Tante Hertha aber sowieso nicht gewinnen würde, ist es für die Fans wohl besser so.

✕✕ Unbedingt meiden

Den **Winter**. Berlin ist von November bis März ein zugiges Loch mit sibirischen Temperaturen. Und wo wir grade beim Wetter sind: Der Frühling taugt auch nicht. »Berliner Wetter ist zu unbeständig. Berliner Wetter ist sozusagen Billigwetter aus Osteuropa.« (Horst Evers)

Kreuzberg. In den 80ern und 90ern häufig als »größte türkische Stadt außerhalb der Türkei« bezeichnet, war Kreuzberg damals in Wirklichkeit die größte schwäbische Stadt nach Stuttgart. Auf der Flucht vor Wehrdienst und Spießertum zogen Tausende aus Schwaben als Hausbesetzer nach Berlin.

Baden-Württemberg war erleichtert und hat diese Flüchtlinge nie wieder aufgenommen, deswegen sind sie **heute noch da**. Und sie taten, was in ihren schwäbischen Genen liegt: Sie kauften die Häuser, in denen sie wohnten, und renovierten sie säuberlich. Zur Zeit führen sie die Kehrwoche ein.

Was alle anschauen

Die stetig wachsende Berliner **Literatur**-Halde, bestehend aus Romanen und Blogs. Verfasst wird all der Text von sich kreativ fühlenden, in den vergangenen Jahren zugezogenen Mitt-Zwanzigern bis Vierzigern. Sie kamen, um hier »was mit Medien zu machen« und weil sie gehört hatten, Berlin sei ja so **wahnsinnig spannend**.

Restaurant Mykonos in Berlin

Man konnte billig wohnen, fand zwar keine bezahlte Arbeit, traf aber jede Menge Menschen, die genauso drauf waren. Die gemeinsamen Aktivitäten werden seither akribisch dokumentiert, jedes Thai-Curry vor dem Essen fotografiert und alles ins Netz gestellt. Hauptsache, man hat was zu tun!

Bekannt durch …

… den Kinderboom im Stadtteil **Prenzlauer Berg**. Rund um den Kollwitzplatz, las man lange, sei ein Paradies der neuen Ökochic-Familien entstanden: Kinderwagenstaus vor den Straßencafés, die Bionade fließe in Strömen und überhaupt sei alles **eiteitei!**

Inzwischen liegt der Alleinerziehenden-Anteil im Kiez bei 40 %, die Bionade ist den Solo-Müttern zu teuer und die Väter verwirklichen sich irgendwo anders.

Schnell zu besichtigen

Reichstagsgebäude: In die *Tagesthemen* zappen, Parlamentsbeitrag abwarten, Hintergrundbild erkennen, wieder zurückzappen zu *Germany's next Topmodel*.

Heiratsmarkt

Schwierig. Die CSU-Landesvertretung ist immer mal wieder für eine Schwangerschaft gut, aber nur außerehelich. Die Boheme-Szene ist lustig, aber pleite – und heiraten will da eh niemand. Bei den Türken muss man heiraten, ohne die Frau überhaupt gesehen zu haben, und von den Urberlinern wird man immer nur angemeckert.

Gut zu wissen

1. »Berlin kann man als aufgeklärter Mensch nicht lieben.« (Maxim Biller)
2. Berliner kann man in Berlin als aufgeklärter Mensch nicht kaufen – die heißen hier **Pfannkuchen**.

Abreise

In die **Provinz**. Okay, für Berliner ist überall Provinz. Also: irgendwohin!

Bielefeld ›

Wer würde von dieser Stadt nicht lieber behaupten, es gebe sie nicht?

Daten

Bundesland	Nordrhein-Westfalen
Bewohner	320 000
Fassungsvermögen der Seidenstickerhalle	7500
Was es besser nicht gäbe	Westfälischer Pickert (angeblich Nahrungsmittel)
Regentage / Jahr	183
2008 zu Gast im Trinkwasser	Citrobacter freundii

Lage

Ganz normale, leicht aufzufindende Großstadt in Ostwestfalen, an der Bahnstrecke Hannover–Münster und nahe der A2. Trotzdem wurde die Stadt kaum beachtet. Deshalb bezahlte die findige Stadtverwaltung 1994 einen Informatiker dafür, im Usenet das Märchen von der »Bielefeldverschwörung« in die Welt zu setzen, wonach die Stadt nicht existiere.

Geschichte

Bielefeld war die erste deutsche Großstadt mit einem nationalsozialistischen Stadtverordnetenvorsteher – bereits 1930 war man vorauseilend **auf Linie**.
Zur Strafe wurde 50 Jahre später der autobahnähnliche »Ostwestfalendamm« (OWD) mit bemerkenswerter Brutalität mitten durch die Stadt geschlagen.

Berühmte Bürger

Doktor August **Oetker** brachte der deutschen Hausfrau das Backpulver zum Kuchenbacken. Dann kam auch noch das Puddingpulver. Und als Krönung des Ganzen verkaufte die Firma ab 1970 als erste in Deutschland Tiefkühlpizzas!
Wenn sich jemand um die Zufriedenheit von dicken Kindern bemüht hat, dann die Oetkers aus Bielefeld!

Inmitten der üppigen Natur kaum zu erkennen: die Uni.

Wissenswert
Bielefeld ist der Standort des WDR-Studios Bielefeld.

Fußball
ARMinia. »Bedeutendste Fußballmannschaft Ostwestfalens« (Wikipedia). Na bravo!

Abreise
Kaum möglich, denn »seh'n wir uns nicht in dieser Welt, dann seh'n wir uns in Bielefeld«. *(Udo Lindenberg, 1976)*

Oh wie schee: der OWD!

Bochum ›

Wer gleich hier parkt, muss mit seinem neuen Opel gar nicht auf die Straße.

Daten

Bundesland	Nordrhein-Westfalen
Bewohner	378 596
Autokennzeichen	BO - EY
Regentage / Jahr	225

Lage

Tief im Westen, wo die Sonne verstaubt. (Herbert Grönemeyer)

Dialekt / Volkstümliches

In Bochum (wie im gesamten **Pott**) wird kein eigener Dialekt gesprochen, sondern ein fehlerhaftes Hochdeutsch mit einigen Spezialausdrücken und ohne R: Man setze vor einen beliebigen Satz ein kerniges »Hömma!« – schon spricht man wie die Leute hier.

Geschichte

Das **5:6** gegen Bayern München 1976, nachdem man schon 4:0 geführt hatte, war das einschneidendste Ereignis der Bochumer Geschichte. Ansonsten drehte sich viel um Kohle und Stahl, aber da redet hier keiner mehr drüber.

Fußball

Die Bochumer Vereine heißen VfL und »Wattenscheid«. Um wenige Kilometer nicht dazu gehört Schalke (→Gelsenkirchen). Wer hier warum zu welchem Verein hält, ist meist zu kompliziert zum Kapieren. Deprimierend ist es für **alle**.

Bekannt durch …

… die **Aral**-Tankstellen. Das Blau-Weiß des Logos kommt direkt von den Bochumer Stadtfarben. Aral wurde nämlich in Bochum gegründet – kam später allerdings zu BP (gelb-grün).

Schnell zu besichtigen

Das Stadtwappen. Es besteht aus einem zugeklappten alten **Buch**. Keiner weiß warum, und keiner hat eine Idee, was drinstehen könnte. Ein Rätsel, das den meisten Einwohnern herzlich egal ist. Bochumer sind keine großen Leser.

Heiratsmarkt

In Bochum setzt man traditionell auf auslaufende Moden: Bergbau, Nokia-Handys, Opel-Autos. Das bedeutet, dass die Bochumer seit Generationen spätestens mit 40 **arbeitslos** werden – aber das hat ja auch seine Romantik.

Gut zu wissen

»Woanders is auch scheiße.« (Frank Goosen, Bochumer Autor)

Abreise

Mit dem Auto. Ist erstens einfach, weil drum herum alles voller Autobahnen ist, und zweitens haben die Bochumer über 500 Autos pro 1000 Einwohner – in Berlin sind es gerade mal etwas über 300!

Bochumer im Dialog

Bonn ›

Daten

Bundesland	Nordrhein-Westfalen
Bewohner	317 949
Liquidität	1 Wasserwerk (trockengelegt)*
Gründungsjahr	11 v. Chr. (um 1995 durch Würfeln festgelegt)
Bedeutung des Namens	Bundeshauptdorf Ohne Nennenwertes Nachtleben
Regentage / Jahr	211

* *Exbundestagsersatzplenarsaal*

Lage

Die Lage von Bonn? Tja, wie fühlt man sich, wenn man jahrelang die Nummer 1 war? Und dann durch eine **Jüngere** ersetzt wurde, die »arm, aber sexy« ist? Bonn kriegt noch Unterhalt, aber früher war's schon cooler, irgendwie. Exhauptstadt … jetzt steht »Bundesstadt« davor. Tolle Wurst.

Geschichte

Vor 2000 Jahren lebten in Bonn Römer und Germanen. Kurz danach kamen Adenauer, Brandt und Wehner: die **goldenen Jahre** der alten Bundesrepublik. Die Regierung zog weg, das Land verlotterte, Bonn sank in einen Dornröschenschlaf und wartet auf bessere Zeiten.

Berühmte Bürger

Ludwig van Beethoven kam in Bonn zur Welt. 1808 komponierte er den berühmten Handy-Klingelton (»Da-da-da-daaaaa!«), da war er aber schon nach Wien gezogen.

Guido Westerwelle besuchte in Bonn Schule und Universität. 2001 wurde er »Krawattenmann des Jahres«, 2009 nur Vizekanzler.

ⓘ **Tags** ⇉ Autos, Löwe, Mord

Sport
Keine Erste, Zweite oder Dritte Bundesliga, als einzige deutsche Stadt dieser Größe. Dafür werden hier die German Open im **Synchronschwimmen** ausgetragen!!! Noch Fragen?

✕ Unbedingt verpassen
Der Bonner Botanische Garten ist stolz auf seinen *Titanenwurz* (Amorphophallus titanum), der es schon ins Guinnessbuch geschafft hat. Diese größte Blume der Welt (drei Meter!) **blüht** hier alle paar Jahre – was schön ist. Nicht so schön ist der intensive Aasgeruch, den die Pflanze dann verströmt, um Insekten anzulocken und Menschen zu verscheuchen.

Bekannt durch …
… die Gummibärchen. Hans Riegel aus Bonn (kurz: Haribo) hatte 1920 einen Sack voll **Zucker**. Was macht man mit so was? Genau: Man gibt es Kindern und lässt sie dafür bezahlen. Geniales Geschäftsmodell!

Heiratsmarkt
Westerwelle ist weg. Beethoven ist tot. Der Bundesrechnungshof ist noch da. Hmm.

Termine
Parlamentarische Sommerpause jetzt ganzjährig.

Gut zu wissen
Bonn war bei einer internationalen Studie die Stadt mit Deutschlands **teuersten** Hotels – nur falls die bisherigen Informationen noch nicht abschreckend genug waren.

✕✕ Unbedingt meiden

Das Bonner Loch. Der hässlichste Bahnhofsvorplatz Deutschlands ist toilettenschüsselförmig aufgebaut und war jahrelang bevorzugter Aufenthaltsort von Obdachlosen und Drogensüchtigen. Dann baute man eine Polizeiwache in das Loch. Die Obdachlosen und Drogensüchtigen verteilten sich daraufhin in der Innenstadt – und im Loch ist es jetzt echt sicher.

Abreise

Beamter werden und kostenlos ab nach Berlin.

Bottrop ›

Parklandschaft – so nur in Bottrop

Daten

Bundesland	Nordrhein-Westfalen
Bewohner	117 756
Rauf	Alpincenter
Wieder runter	Bodyflyinghalle
Regentage / Jahr	250

Lage

Zwischen Essen und Oberhausen da so mit bei.

Geschichte

Erst Dorf, dann jede Menge zu tun wg. Kohle. Jetzt **Kohle** so langsam am Ende, bald wieder Dorf.

Was alle anschauen

Den Tetraeder, ein Dreiecksgestell aus Stahlrohren, in dem eine schiefe Aussichtsplattform hängt. Das Ding steht auf einem Hügel aus Bergwerksschutt, den man zuerst erklettern muss, dann kann man die 40 Meter Treppe im Tetraeder hochsteigen. Wozu? Na, von hier aus kann man die ganzen anderen Abraumhalden der Umgebung sehen!

Klettergerüst für 2,3 Millionen D-Mark: der Tetraeder

Die hellen und dunklen **Steine** neben dem Gipfel hatte ein Anwohner 2009 in mühevoller Kleinarbeit so sortiert, dass man **von oben** große Alienfiguren erkennen konnte. Da er kein bekannter Künstler war und auch kein Geld für die Arbeit nahm, wurden die Steine aber obrigkeitlich wieder **vermischt**.

Schnell zu besichtigen

Die nachts illuminierten **Faultürme** der örtlichen Kläranlage gehören zu den Wahrzeichen der Stadt.
»Hier ist unser Tetraeder und kuck mal da drüben: die Faultürme vonne Kläranlaache. Mit Beleuchtung! Nä, wat is dat **schön** hier!«

Heiratsmarkt

Apropos Foul: Bottrop war 2005 Deutscher Meister im Unterwasser-Rugby. – Überhaupt … der Name der Stadt klingt wie »ein Furz in der Badewanne«, wie Einheimische einräumen.

Gut zu wissen

Das Bottroper Stadtwappen enthält drei sogenannte Wolfsangeln. Die sehen ein bisschen aus wie halbe **Hakenkreuze** und gehören auch zu den »verbotenen Symbolen«, weil sie im Dritten Reich als Logo dienten. Einem Naziverein wäre die Verwendung nicht erlaubt, als Stadtwappen sind sie natürlich völlig unbedenklich.

Abreise

Die Außerirdischen von der Schutthalde sind weg … vielleicht … Hallo? Scotty???
Ansonsten verkehren regelmäßig ab Bottrop: Der Borkener und Der Dorstener.

Braunschweig ›

Daten

Bundesland	Niedersachsen
Bewohner	246 012
Entfernung zur Grenze (Ost)	731 / 30 / 301 km*
Regentage / Jahr	146

* *Vor 1945 / 1945–1990 / seit 1990*

Lage

Braunschweig liegt rechts und links des Flüsschens Oker sowie darüber. Also eigentlich fast überall.
Die Oker fließt jetzt in Rohren unter der Stadt durch.

Geschichte / Volkstümliches

Ein gern gepflegter Brauch der Braunschweiger ist das Abreißen und Wiederaufbauen ihres **Residenzschlosses**. Im 18. Jahrhundert begann man (unter Abriss des Vorgängergebäudes) eine Residenz zu errichten, um sie im 19. Jahrhundert (Revolution!) niederbrennen zu können. Schon ein Jahrzehnt später stand ein neues Schloss da, das aber kurz darauf auch in Flammen aufging (technischer Defekt). Der nächste Versuch erwies sich als langlebiger und überstand sogar den Zweiten Weltkrieg (wenn auch mit Beschädigungen), bevor er 1960 abgerissen wurde. Die **Trümmer** der Fassade vergrub man in der Erde.
2005 buddelte man die Teile wieder aus, um es doch noch mal mit dem Schloss zu probieren, allerdings ließ man keine Welfenprinzen o. Ä. mehr einziehen, sondern installierte ein Kaufhaus in den Mauern.
Für den **nächsten Abriss** gibt es noch kein genaues Datum, es wird empfohlen, die örtliche Presse zu verfolgen (Presslufthammer bitte selbst mitbringen).

Fußball

Mit kreativer Regelauslegung umschiffte Eintracht Braunschweig 1973 das damals noch geltende Verbot der **Trikotwerbung** in der Bundesliga. Um das Logo ihres Sponsors *Jägermeister*, den Hirschkopf, auf die Hemden nähen zu dürfen, erklärte der Verein dieses Logo kurzerhand zum Vereinswappen. Inzwischen findet man Trikotwerbung überall, nur haben die Braunschweiger nicht mehr viel davon, weil sie schon lange kein Bundesligateam mehr hervorgebracht haben.

Schnell zu besichtigen

Der Löwe. Das Original des Standbilds auf dem Burgplatz stammt aus dem Mittelalter. Zum Glück existieren eine Menge **Kopien**, zum Beispiel in Ratzeburg, Goslar, Lübeck und Schwerin, wo man den einmaligen Löwen ebenfalls besichtigen kann.

Heiratsmarkt

Die Brunonia, die Wagenlenkerin von Deutschlands größter Quadriga auf dem Braunschweiger Schloss, ist unverheiratet und hat einen eigenen Wagen (Vorteil). Nachteil: Sie ist über fünf Meter groß und steht offensichtlich total auf **Pferde**.

Termine

Die *Braunschweiger Mumme* ist eine Art Bier, das früher ein Exportschlager der einheimischen Wirtschaft war. Das Zedler-Universal-Lexikon von 1733 schreibt, das Getränk sei »von so großer Dauerhaftigkeit und Güte, daß es gar nach **Indien** geführet« wurde. Daheim trank es keiner.
Als allerdings selbst die Inder den zähflüssigen braunen Malztrunk nicht mehr abnahmen, kam die Produktion fast zum Erliegen. Heute werden aus Gag wieder Flaschen abgefüllt und jeweils am ersten November-Wochenende im Rahmen der »Mumme-Meile« feierlich vernichtet. **Vorsicht**: Unerfahrenen Touristen werden, zum Gaudium der Braunschweiger, dabei gerne Kostproben zum Trinken in die Hand gedrückt!

Abreise

Vorbilder aus der Geschichte: Volkswagen und MAN, die nach Wolfsburg und Salzgitter auswanderten.
Heute: Jede Stunde ein ICE ohne Umsteigen nach Berlin.

ⓘ**Tags** ⇉ CBL, Löwe, Mord

Ganz langsam und ruhig arbeiteten sich die Hochhäuser ans Wasser vor.
Eines Tages würde das alles ihnen gehören!

Bremen ›

Daten

Bewohner	547 000
Raucherlokale	12
Tore, die Ole Björnmose für Werder erzielte	21
Wahlbeteiligung Bundestag 1972	92 %
Wahlbeteiligung Europawahl 2009	39 %
Regentage / Jahr	204

Lage

Insgesamt zieht sich Bremen fast 42 Kilometer die Weser entlang. Allerdings ist der Fluss, inklusive Auen, an den meisten Stellen **breiter** als die Stadt.

Dialekt / Volkstümliches

»Her mit der Kohle, aba fix!« ist ein beliebter Satz. In der Rubrik *Straßenkriminalität* steht Bremen statistisch an der Spitze. Pro tausend Einwohner meldet die Polizeistatistik von 2008 fast **50 Vorfälle** – dreimal so viele wie beispielsweise in Nürnberg. Das Jahr davor waren es freilich noch fast 60 Vorfälle, was darauf hindeutet, dass bei den Bremern langsam wirklich nichts mehr zu holen ist.
Was weg ist, bleibt übrigens auch weg: Die Aufklärungsquote bei Raub liegt in Bremen bei 41 %. Zum Vergleich: In Nürnberg wurden über 72 % solcher Fälle geklärt.

✕ Unbedingt verpassen

Die »Bremer Discomeile« tagsüber. Nachts zwar auch, aber dann gilt wenigstens das 2009 in Kraft getretene **Waffenverbot**. Im Ernst: Sie verbieten dort das Tragen von Waffen durch Extra-Schilder! Aber erst ab 20 Uhr. Vorher … zieh schneller!

ⓘ**Tags** ⇉ AKW, CBL, Mord, Schweiz, Topp

Bekannt durch …

… den **Roland**, ein Ritterstandbild mit unglaublich spitzen Knien und unglaublich schlechter Frisur. Er symbolisiert die Freiheit, deswegen ist er mit einem stabilen Metallzaun umgeben.
Den Ex-Bürgermeister **Hans Koschnick**, der das Wort »Postzustellordnungsstrukturreform« in einer Silbe aussprechen konnte.

Schnell zu besichtigen

Bremer Schweiz. Sieht aus wie die Schweizer Schweiz, nur nicht so hoch. **Dreißig Meter** ist das Maximum, man erspart sich also viel Kletterei. Weitere Auffälligkeiten sind ein eklatanter Mangel an Skiliften, Banken und Alphornbläsern, was ebenfalls Zeit spart und die Umwelt schont.

Heiratsmarkt

Der Bremer wohnt im Eigentum. Die Mieterquote ist die niedrigste von ganz Deutschland. Allerdings sollte man, bevor man sich über die Schwelle tragen lässt, wissen, dass das »Bremer Haus« eine **winzige** Reihen-Butze nach englischem Vorbild ist.

Gut zu wissen

Der Fahrradclub ADFC hat in Bremen seinen Hauptsitz, ebenso wie die Deutsche Gesellschaft zur Rettung Schiffbrüchiger. Na, womit wird man für beide gleichzeitig zur Zielgruppe? Bei Nordweststurm per **Tretboot** nach Bremerhaven! Hahahahaha! 'tschuldigung.

Rummel

Der traditionsreiche **Freimarkt** findet stets in der zweiten Oktoberhälfte statt. Wer auch sonst gerne Achterbahn fährt, muss einfach Anhänger von **Werder Bremen** werden.

Abreise

Netter Versuch: Im Jahr 2000 landete im sumpfigen Osten der Stadt ein UFO, um Fluchtwillige auszufliegen. Es gingen aber **so viele** an Bord, dass das Ding nicht mehr hochkam. Die findigen Bremer tauften das Fluggerät *Universum Science Center* und nutzen es jetzt für Ausstellungen.

Bremerhaven ›

Lohnt einen Ausflug: Restaurant Mykonos in Bremen

Daten

Bundesland	Bremen
Autokennzeichen	HB
Bewohner	114 506
Davon Hunnen	1*
Eigene Häfen	0
Regentage / Jahr	239

* *Kaiser Wilhelm II. hielt hier am 27. Juli 1900 seine berüchtigte »Hunnenrede«.*

Lage

Einzige deutsche Großstadt an der Nordsee.

Unbedingt meiden

Bei Bremerhaven fallen einem nicht gerade nur schöne Sachen ein: Überseecontainer … Windkraftanlagen … Arbeitslosenzahlen … Tiefkühlfische … aber irgendwie **brauchen** wir das ja alles. Und dann ist es doch besser, es ist in Bremerhaven als bei uns!

Geschichte

Bremerhaven wurde erst 1827 gegründet. Die Stadt Bremen kaufte damals eine größere Wiese am Meer, um einen Hafen zu bauen. Der eigene versandete nämlich. Warum die Bremer jetzt nicht mal langsam das Gelände bei E-Bay reinsetzen, ist unklar.

Berühmte Bürger

Lale Andersen wurde in Bremerhaven geboren. Die Sängerin schaffte das Kunststück, mit *Lili Marleen* ein Lieblingslied von Millionen Soldaten zu singen, das **trotzdem** von den Nazis verboten wurde.

Bekannt durch …

… den Hafen. Der gehört allerdings immer noch Bremen.

Heiratsmarkt

Stehen Sie auf arbeitslose Exfischer, die sich mit Krabbenpulen und Rumbuddeln auskennen und 54 Toyotas in einer Stunde von einem Schiff fahren können? Nicht so? Tja …

Abreise

Die große Zeit der Auswandererschiffe ist vorbei. Aber zum Beispiel die *Alexander von Humboldt* verlässt Bremerhaven **regelmäßig**. Das ist der grüne Dreimaster aus der Bierwerbung.
Ansonsten gibt es gute Schlauchboote bei Janssen, An der Geeste 13a.

Chemnitz ›

Daten

Bundesland	Sachsen
Bewohner	243 880
Chancenlos	2,6 % (= Ausländeranteil)
Konfessionslos	80 %
Regentage / Jahr	180

Lage

Sie kennen diese riesige Büste von **Karl Marx**? Den (mit Sockel) dreizehn Meter hohen Kopf mit dem grimmigen Gesicht? Weltdickster Nischel neben der Sphinx in Ägypten? Der Ort drumrum, das ist Chemnitz.

Dialekt / Volkstümliches

Chemnitz war zu DDR-Zeiten die Stadt mit den drei »O«: Gorl-Morx-Stodt (der Politiker, der das 1953 verkündete, hieß passenderweise Otto **Grotewohl**).

Beim Volksentscheid 1990 erklärten 76 % der Einwohner, Gorlmorxstodt sei Mist. Man gab der Stadt daraufhin wieder ihren früheren Namen Chemnitz – die Einwohner hatten allerdings eher die Stadt als solche gemeint. Die 76 % zogen dann auch weg.

Berühmte Bürger

Der wohl bekannteste **Republikflüchtling** der DDR, Sigmund Jähn, lebte zwar nicht in der Stadt, stammte aber immerhin aus einem Dorf nur eine Stunde entfernt. Berühmt wurde er 1978, als er als erster Deutscher ins All flog und eine Woche dort blieb. **Ehrenbürger** wurde er, weil er wieder zurückkam. Der Depp.

Autos, CBL, Löwe, Mord ⇆ **Tags** ⓘ

Fußball
Andere Städte hatten mal einen guten Verein, Chemnitz hatte mal einen guten **Spieler**! Michael Ballack lernte hier das Fußballspielen. Als er es konnte, zog er weg.

Heiratsmarkt
Fast nur Sachsen und Sächsinnen, oft mit entsprechendem Dialekt. Niedrigster Ausländeranteil aller deutschen Großstädte. Oje.

Abreise
Egal. Nur weg!

Alte Gewohnheiten nicht einfach aufgeben!
Sonntagmorgens in C.

Cottbus ›

Daten

Bundesland	Brandenburg
Bewohner	101 785
Davon im Zoo	134 741 (2008)
Menschliche Nähe	Gering*
Regentage / Jahr	204

* *621 Einwohner / km²; München hat über 4000.*

Lage

Östlichste Großstadt Deutschlands.

(Je nach Zählung schrumpft man allerdings gerade unter die 100 000er-Marke – dann: Östlichste Ex-Großstadt Deutschlands. Das mit dem Schrumpfen wird übrigens gefördert: Cottbus hat die teuersten Kitaplätze Deutschlands.)

Dialekt / Volkstümliches

Cottbus heißt auch **Chóśebuz**. Das ist die sorbische Variante. Die Sorben pflegen in der Region noch alte Bräuche und haben viele zweisprachige Schilder durchgesetzt. Sieht auch irgendwie nach mehr aus, so.

Kleine Wörterkunde Sorbisch

Ausländerfeindlichkeit	antiwukrajnikojstwo
Autodieb	złoźej
Fahruntüchtigkeit	jězdna njezamožnosć
Hehlerei	tajarstwo
nationalistisch	nacionalistiski
Schlägerei	biśe
Straftat	wotštrofowański
Zwangsumsiedlung	nuzkane pśesedlenje

Berühmte Bürger

Fürst Hermann von Pückler-Muskau ruinierte sich mit etwas zu aufwendiger Gartengestaltung. Das war sein großes **Hobby**. In aller Freundschaft ließ er sich daraufhin von seiner Frau scheiden, um in England reich zu heiraten – frisches Geld musste her. Auf seiner mehrjährigen Reise verliebte er sich auch öfters, aber statt in reiche Alte eher in arme Minderjährige. Der daheimsitzenden Exgattin erzählte er alles brühwarm per Brief. Als er zurückkam, war er pleite – aber Schriftsteller, denn ein Freund hatte die Briefe veröffentlicht.
Eduard »Ede« Geyer rettete als Trainer von Energie Cottbus den Geist der NVA hinüber ins neue Deutschland.

Fußball

Energie Cottbus rettete die Namenskultur des DDR-Fußballs (»Aktivist Schwarze Pumpe«) hinüber ins neue Fußballdeutschland. Da konnten auch die westlichen Fußball-Funktionäre nichts mehr machen, die in den 80ern noch dem hessischen Verein Dynamo Windrad wegen der DDR-Ähnlichkeit des Namens die Zulassung verweigert hatten.

Bekannt durch …

… den wohl schwerstauszusprechenden Satz deutscher Zunge: »Der Cottbuser Postkutscher putzt den Cottbuser Postkutschkasten.«

Termine

2030 wird Cottbus einen Ostseestrand haben (entweder weil das geplante Volllaufenlassen der Braunkohle-Förderlöcher geklappt hat – **der** Ostsee – oder weil das Ansteigen des Meeresspiegels Berlin und halb Sachsen weggeschwemmt hat – **die** Ostsee).
Tipp: Jährlich im Januar findet der »Cottbuser Reisemarkt« statt. Nichts wie hin. Und weg.

Abreise

Wie früher in Berlin: ab **Bahnhof Zoo**! Ach nein, halt stopp: Das ist nur eine Parkeisenbahn, die da startet! Tja, dann kann dem Ab- und Ausreisewunsch wohl nicht stattgegeben werden.

Darmstadt ›

Auch Wixhausener sollen in unserer Mitte sein.

Daten

Alternative	Keine*
Bundesland	Hessen
Autokennzeichen	DA (Wo?)
Bewohner	142 310
Regentage / Jahr	199

* *2006 stimmten 0 % der Wähler für die »Alternative Darmstadt«.*

Dialekt / Volkstümliches

Darmstädter werden »Heiner« genannt. Ursprünglich war das ein **Schimpfwort**, aber die Darmstädter merkten es nicht und nennen sich jetzt stolz selbst so.

Geschichte

2008 gaben die Amerikaner auf. Den Standort Darmstadt.
Bereits 190 Jahre zuvor gaben die Darmstädter Gymnasiallehrer ihren Schüler **Justus Liebig** auf: Mit 15 flog er, mit dem Beinamen »Schafskopf« belegt, von der Schule. **Anderswo** wurde sein Genie eher gewürdigt: In Gießen durfte er als Chemieprof arbeiten und erfand allerhand. Unter anderem ein Pulver, mit dem man Wasser braun färben kann und das heute unter dem Namen »Tütensuppe« überall verkauft wird.

Berühmte Bürger

Diese Drombuschs. Vera, Oma und Onkel Luddwisch aus Darmstadt rissen in den 80ern das ZDF-Publikum in kollektive Depression. Todesfälle, Schicksalsschläge, Zerwürfnisse und Krankheiten, dazu **Simone Rethel** als Kellnerin – der Masochismus der Zuschauer muss grenzenlos gewesen sein.

5, AKW, Beimer, CBL, Löwe ⇆ **Tags** ⓘ

Das Runde muss ins Eckige.

Fußball

Darmstadt 98 absolvierte in den 70ern und 80ern je eine Bundesligasaison und wurde einmal Vorletzter und einmal Letzter. Das Ziel, 98 Gegentore zu kassieren, wurde beide Male knapp verfehlt: Es wurden einmal 75, einmal 82.

Abreise

Bereits 1974 gründeten fluchtwillige Darmstädter den ersten deutschen Lauftreff.

ⓘ**Tags** ⇉ 5, AKW, Beimer, CBL, Löwe

Dortmund ›

Daten

Bundesland	Nordrhein-Westfalen
Bewohner	584 412
Öffentliche Toiletten	39
Davon kostenfrei	14
Regentage / Jahr	197

Lage

Am östlichen Ende des Ruhrgebiets. Also im **Westen**.

Dialekt / Volkstümliches

Dort munden: Möppckenbrot, Panhas und Salzkuchen.
Und sieben Millionen Hektoliter Bier (= 7 000 000 000 »Stößchen«) sind zu brauen, um sieben Millionen Tonnen Steinkohle fördern und sieben Millionen Tonnen Stahl schmelzen zu können. So ging die Rechnung früher. Heute sind Kohle und Stahl weg, beim Bier zeigen sich die verbliebenen Dortmunder zumindest als **Konsumenten** stabil.

Geschichte

Früher war Dortmund eine **Arbeiterstadt** mit absoluter SPD-Mehrheit. Heute wählen die Dortmunder FDP und Grüne und gehen morgens in schicke Büros oder sie wählen gar nicht und gehen zum **Arbeitsamt**.

Fußball

Borussia Dortmund war der erste deutsche Fußballverein mit eigener **Aktie**. Elf Euro zahlten die ersten Anleger dafür am 31. 10. 2000. Ein Jahrzehnt später hat die Borussenaktie davon etwa 90 % verloren. »Halten!«, empfiehlt die Website *borussia-aktie.de* – offenbar feuert man Kleinanleger genau gleich an wie Torhüter.

Was alle anschauen

Das Dortmunder U sieht aus wie ein Hochhaus mit riesigem U-Bahn-Schild auf dem Dach. Tatsächlich ist der ehemalige *Union-Brauerei*-Turm heute ein Museum. Ursprünglich sollten mit dem Ausbau kreative Köpfe angelockt werden – die verzieren jetzt die Wände in der Nähe mit illegalen Graffitti.

Termine

Alljährlich im November wird ein 30 Tonnen schweres Stahlgerüst in der Stadt errichtet. Es wird bestückt mit Tausenden Lämpchen und zwanzig Kerzen sowie einer Sprinkleranlage. Dann tarnt man das Gestell mit dem Grün von 1700 Rotfichten und behauptet, das sei ein 45 Meter hoher Weihnachtsbaum. Darunter versammeln sich die Dortmunder, um **Glühwein** zu trinken, bevor sie sich zu Hause wieder dem Bier widmen.

Abreise

Das Stahlwerk der Westfalenhütte ist schon mal vorausgefahren: Es wurde von 1000 Chinesen demontiert und nach Zhangjiagang verschifft. Wann die erste Brauerei nachzieht, ist noch unklar.

Dresden ›

Restaurant Mykonos in Dresden

Daten

Bundesland	Sachsen
Autokennzeichen	DDR und DD
Bewohner	512 234
Ausländeranteil	
in Dresden-Gorbitz	2,54 % (Berlin 13,5 %)
NPD-Ergebnis in Gorbitz	
Bundestagswahl 2009	5,45 % (Berlin 1,6 %)
Regentage / Jahr	203

Lage

Die malerisch an der Elbe gelegene Dresdner Altstadt ist umgeben von mit leichter Hand hingetupften, blütengrauen Plattenbauten und eingefasst in ein raffiniert-elegantes Netz pittoresk-mehrspuriger Durchgangsstraßen.

Dialekt / Volkstümliches

»Die Leute dahier dehnen jede Silbe, verlängern jedes Wort, hängen überall ein Lieblings-E an, so daß ihre Sprache endlich ein förmliches **Mäh, Mäh** von Schafen wird.« (Grillparzer)
Test: Trinken Sie zwei Bier und sprechen Sie dann die Ortsteile »Großzschachwitz« und »Zschertnitz« dreimal nacheinander fehlerlos aus. Dann können Sie die Einbürgerung beantragen.

Geschichte

Jäger und Sammler durchstreiften das Tal, bis die Germanen anrückten, die ihrerseits von den Slawen vertrieben wurden. Es kam **eine Burg** dazu, viele Kaufleute und die ersten Touristen. Im 15. Jh. brannte die Stadt ab, im 16. Jh. blühte sie wieder, im 17. Jh. kam die Pest, im 18. Jh. der Barock.
Musik, Kunst und die erste **Porzellanmanufaktur** schufen das Bild, das die heutigen Reiseprospekte prägt. Im Siebenjährigen Krieg ging einiges kaputt (wahrscheinlich hat man einen Kriegselefanten durch die Porzellanfabrik gejagt), aber im 19. Jh. war alles wieder aufgeräumt. Im Februar 1945 brannte die Stadt dann fünf Tage lang, der Wiederaufbau dauert noch an.

Berühmte Bürger

August der Starke (1670–1733) liebte den Wein, er liebte es zu sammeln und er liebte das Bauen in und um Dresden. Nebenbei liebte er auch noch eine größere Anzahl von Frauen, mit denen er über 300 Kinder zeugte.
Erich Kästner (1899–1974) liebte genau eine Frau: Der zu Recht gefeierte Kinderschriftsteller war das größte **Muttersöhnchen** der deutschen Literatur.

Unbedingt verpassen

Das Elbtal. Lohnt sich nicht. War früher mal toll: **Weltkulturerbe**. Wurde dann aber von der UNESCO-Liste gestrichen, wegen Zerbauung.

Bekannt durch …

… das Blaue Wunder, eine **grünliche** Brücke, die seit 120 Jahren über die braune Elbe führt. Leider hält sie nur noch 20 Jahre, bis dahin muss irgendwo eine neue Brücke gebaut sein (s. o.).

ⓘ **Tags** ⇉ Bahnhof, CBL, Löwe

Termine

Die Adventszeit ist Dresdner Hochsaison. Milliarden von Rosinen landen in Millionen von **Christstollen**, die dann zum Vertrocknen in die ganze Welt geschickt werden.

In der Stadt selbst findet der **Striezelmarkt** statt. Früher wurde dort Kunsthandwerk verkauft, welches Kinder im Waisenhaus oder im Erzgebirge herstellten. Heute kommt das natürlich nicht mehr vor. Die Waren werden in Drittweltländern von ... äh ... die haben doch Super-Kinderschutzbestimmungen da, in den Drittweltländern, oder?

Abreise

Dresden hat den längsten Bahnsteig Deutschlands. Fast 700 Meter Einsteigemöglichkeit. Türen schließen selbsttätig.

Das bunte Wunder: Balkonsammlung in Magdeburg

Duisburg ›

Die Rheinruhrhalle. Das Gebäude trägt zu Recht eine Durchfallerkrankung im Namen.

Daten

Bundesland	Nordrhein-Westfalen
Autokennzeichen	DU (So redet man hier jeden an)
Bewohner	494 048
Davon im Sportverein	22,26 %
18- bis 39-Jährige / Diskothek	15 040
Regentage / Jahr	245

Lage

Direkt neben Oberhausen.

Dialekt / Volkstümliches

Bilden Sie nach dem Muster von »Der Manta da drüben is mein Kumpel seinen« beliebige Sätze. Seien Sie **nicht zu höflich**. Verwenden Sie einfache Wörter und immer nur Nominativ und Akkusativ: »Gib mich dat ma getz, Pupskopp!« Fertig ist das Ruhrgebietsdeutsch.

Zwei Beispiele für die Deklination

Nominativ (Wer-Fall):	Ich	Mein Kumpel
Genitiv (2. Fall):	Wat?	Mein Kumpel seinen
Dativ (Wem-Fall):	Mich	Mein Kumpel
Akkusativ (Wen-Fall):	Mich	Mein Kumpel

Berühmte Bürger

Horst Schimanski, Tatortkommissar mit Gammeljacke, hetzte durch die Tristesse der untergehenden Arbeiterstadt und öffnete dabei das deutsche Fernsehen endlich für das Wort »Scheiße«. Heute ist der Stadt das Proll-Image peinlich, schließlich sei man jetzt ein »vielseitiger High-Tech- und Dienstleistungsstandort«. Ja, **scheiße!**

ⓘ**Tags** ⇉ CBL, Mord, Topp, Weg

Und hinter tausend Fenstern keine Welt …

Bekannt durch …

… den ersten Zoo Europas mit **Delphinen**. Was andernorts als sympathischer Thunfischbeifang ein wildes Leben führt, muss hier seit den 60ern für übergewichtige Achtjährige den Clown machen. Eine Schande.

Fußball

Der bekannteste eingemeindete Vorort Deutschlands ist Meiderich – der Meidericher SV wurde 1964 Vizemeister und musste sich 1967 in »MSV Duisburg« umbenennen.

Abreise

Der **Hellweg** ist mindestens drei Speerlanzen breit und gewährleistet sicheres Fortkommen (incl. Hausrat).

Duisburg hat den größten **Binnenhafen** der Welt! Wenn sich da nicht ein schickes Motorboot findet …

Düsseldorf

Daten

Bundesland	Nordrhein-Westfalen
Bewohner	584 217
Rheinkilometer bis Köln	55 (4:30 Stunden)
Fußkilometer bis Köln	37,4 (7:40 Stunden)
Regentage/ Jahr	199

Gut zu wissen

Die Düsseldorfer machen etwas **falsch**. »Natürlich!«, ätzt jetzt jeder: »Sie wohnen in Düsseldorf!«

Aber das greift zu kurz. Düsseldorf ist die einzige Stadt, deren Bewohner sich ständig dafür entschuldigen, dass sie dort leben. Es ist ihnen immer ein bisschen peinlich. Sie sind vielleicht wegen der Arbeit dorthin gezogen, oder sie sind dort geboren worden und haben es nicht geschafft zu gehen. Sie sagen alle, sie wären eigentlich lieber woanders. Sie beneiden die Kölner, sie wünschen sich nach Bochum, sie stellen sich vor, in Hamburg oder München zu sein. »Das Leben in Düsseldorf ist nicht lebenswert«, urteilte Heiner Müller.

Früher hat man Düsseldorf den »Schreibtisch des Ruhrgebiets« genannt. Die anderen haben malocht, hier wurde verwaltet. So wurde man dann schließlich auch **Landeshauptstadt**. Und jetzt? Papiertiger, die sich an dem vielen Geld, das hierbleibt, nicht freuen können: Sie müssen Cabrios kaufen und kriegen doch so leicht einen Sonnenbrand, sie würden gerne feiern, aber die Gläser sind so klein, sie würden gerne hinaus in die Welt, aber dort müssten sie dann sagen: »Ich bin aus Düsseldorf.«

Mitleid ist angebracht. Aus eigener Kraft kommen die Düsseldorfer nicht aus der Misere. Vielleicht sollte Köln sich zur Hauptstadt von NRW erklären, eine Abwrackprämie für Düsseldorfer Neuwagen beschließen und den alten Stadtteilen wie Bilk, Rath, Pempelfort ihre Unabhängigkeit wiedergeben. In zwei-, dreihundert Jahren schauen wir dann nochmal nach.

ⓘ **Tags** ⇉ Autos, Bahnhof, CBL, Löwe, Topp

Erfurt ›

In der Wurst spiegelt sich die Seele einer Stadt. *Konfuzius*

Daten

Bundesland	Thüringen
Bewohner	203 333
Katholische Priester	Ca. 100
Davon auf Lebenszeit	*Nahe 100 %*
Arbeitsrichter*	255
Davon auf Lebenszeit	*Ca. 14 %*
Arbeitslose	Ca. 10 000
Davon auf …	*Hmmmm …*
Regentage / Jahr	199

* *Am hiesigen Bundesarbeitsgericht*

Lage

Fast genau im geografischen Zentrum von Deutschland. Ja, hat sich was mit Osten, das ist die Mitte, Mann!

Dialekt / Volkstümliches

Wunder der Einheit: Aus alten Ruinen wachsen neue.

Erfurter grüßen Puffbohnenfelder. Echt jetzt! Steht im Internet. Das Grüßen ist historisch bedingt und kommt daher, dass der Erfurter Boden besonders geeignet für die Zucht dieser dicken Bohnen war. Wenn Sie als Tourist also von Einheimischen höflich behandelt werden möchten, verhalten Sie sich möglichst **puffbohnenfeldhaft**.

Berühmte Bürger

Martin Luther studierte in Erfurt und ging hier auch ins Kloster. Ihm ging es auf die Nerven, dass man sich gegen Geld von seinen Sünden freikaufen konnte (»Ablass«). Die Leute sollten gefälligst **leiden!** Und zwar ruhig lange. Er selbst ging mit gutem Beispiel voran und blieb sieben Jahre in Erfurt.
Zur Strafe beherbergt Erfurt heute das einzige (katholische) Priesterseminar in den neuen Bundesländern.

Was alle anschauen

Das Logo der Stadt. Designexperten hatten es 2009 überarbeitet. Sie machten aus dem Rad des Stadtwappens ein Sternchen, färbten das »Er« von Erfurt rot ein und schrieben drunter »Landeshauptstadt Thüringen« (ohne Genitiv-s).

Erfurt
LANDESHAUPTSTADT
THÜRINGEN

Die Erfurter tobten wegen des Rads, die Erfurterinnen wegen des »Er« und alle zusammen lachten die Macher wegen des fehlenden Genitivs aus. Inzwischen ist das Rad wieder komplett, der restliche Quatsch war teuer und bleibt so!

Bekannt durch …

… die Krämerbrücke, Europas längste bewohnte Brücke. Es stehen 32 Häuser drauf. Bei den anderen Brücken Erfurts ist aber alles normal: Die Leute wohnen **drunter**, nicht drauf.

Gut zu wissen

In Erfurt sitzt der Präservativhersteller Condomi. Vorher hieß diese Latexfabrik »Plastina« und produzierte – für alle Fälle – auch Babyschnuller.

Abreise

Immer nur im Kreis: GNS-Halle in Erfurt

Gunda Niemann-Stirnemanns Schicksal soll uns Mahnung sein: Sie lernte, sich so **schnell** auf Schlittschuhen zu bewegen wie sonst keine, merkte aber zu spät, dass man bei dieser Sportart immer nur **im Kreis** läuft.

Erlangen ›

Die Schokoladenseite von Erlangen ist sein Grundriss.

Daten

Bundesland	Franken (niemals »Bayern« sagen!)
Bewohner	104 980
Name der Uni	Erlangen-Nürnberg (Frust!)
Studentenverbindungen	21
Davon schlagend	6
Fakultativ schlagend	1
Nichtschlagend	14
Naherholung	Naturschutzgebiet »Exerzierplatz«
Regentage / Jahr	137

Lage

Am **Frankenschnellweg**, so heißt die Autobahn hier. Als ob die Franken mal irgendwo langsam führen!

Im Ortsteil Büchenbach liegt im Übrigen der viel zitierte **Holzweg**.

Berühmte Bürger

Theodor Paul **Möbius** erfand 1908 in Erlangen den **Bleistiftspitzer**. Da gab es schon seit 200 Jahren Bleistifte – die wurden anscheinend bis 1908 immer weggeschmissen, wenn sie stumpf waren. Seine Firma wurde Bleistiftspitzerweltmarktführer.

Der Versuch, einen Laserdruckerspitzer im Markt zu etablieren, scheiterte dann.

Termine

Nach Pfingsten **betrinken** sich die Erlanger gemeinsam für knapp zwei Wochen (»Bergkirchweih«). Wir sollten Verständnis haben, es ist die einzige Abwechslung im Jahr!

Alle zwei Jahre findet daraufhin übrigens der **Comicsalon** statt, den aber kein Erlanger besucht.

Wissenswertes über Erlangen

»Ich liebe den Humor der Erlanger.« – »Das stimmt. Ha ha.« – »Dieser Mutterwitz.« – »Ja, ja.« – »Und die Erlanger sind so gastfreundlich.« – »Ja, ja.« – »Und die modernen Bauten …« – »Ja, ja.« – »… und dennoch traditionsbewusst.« – »Ja ja, es stimmt. Die Erlanger sind wirklich gastfreundlich.« – »Hm hm.«
(Foyer des Arts / Max Goldt)

Abreise

»Mendocino, Mendocino, // ich fahre jeden Tag nach Mendocino.
An jeder Tür klopfe ich an, // doch keiner kennt mein Girl in Mendocino.«
(Michael Holm, 1969, aufgewachsen in Erlangen)

In Erlangen ist viel Platz – wenn auch nicht dieser.

ⓘ**Tags** ⇉ 5, Beimer, Löwe, Nr.

Essen ›

Angst Essen Architektur auf.

Daten

Bundesland	Nordrhein-Westfalen
Autokennzeichen	E 605
Straßen	3227
Kennedyplatz	1 (siehe Foto links)
Bewohner	579 759
Regentage / Jahr	217

Lage

Trostlos.

Dialekt / Volkstümliches

In Essen geht man nicht zum Aldi. Hier heißt es samstagmittags: »Mutter, gehn wir nach 'n Aldi?« (▸ »Berühmte Bürger«)
Für **Touristen** bietet die Stadt »Essen in 100 Minuten« an. So lange wartet doch kein hungriger Mensch! Und dann noch im Bus!

Berühmte Bürger

Die Brüder **Karl** und **Theo Albrecht** übernahmen von ihrer Mutter einen Lebensmittelladen in Essen-Schonnebeck, um von dort aus den Einzelhandel weltweit das Fürchten zu lehren. Bei der Inneneinrichtung der Filialen ihres Aldi-Konzerns orientierten sich die Brüder am trostlosen Look der Essener Innenstadt und verzichteten auf alles, was irgendwie **reizvoll** sein könnte.
Die Welt unserer Supermärkte, so viel scheint klar, sähe insgesamt anders aus, wären die Albrechtbrüder nicht in Essen, sondern zum Beispiel auf Schloss Neuschwanstein aufgewachsen.

Fußball

Helmut Rahn, der Mann, der aus dem Hintergrund schießen müsste, war Essener. Er hat auch die ganzen 50er-Jahre hindurch für Rot-Weiß Essen gekickt, aber in der Zeit kein einziges Bundesliga-Tor erzielt. (Als Stürmer! Okay, damals gab es die Bundesliga auch noch nicht.)

Heiratsmarkt

Heinz Rühmann wuchs in Essen auf. Und der brach nun mal die Herzen der stolzesten Frau'n! Aber ob das für Essen spricht …?

Abreise

Essen, die »hackfleischgewordene Moderne« (Thomas Gsella), ist gut an Schiene und Autobahnnetz angebunden.

Der Ruhrschnellweg (vorne) führt mitten durch Essen (hinten).

ⓘ **Tags** ⇉ Beimer, CBL, Flanier, Mord, Nr.

Frankfurt a. M. ➤

☛ Daten

Bundesland	Hessen
Bankensitze 2010	220
Platz in der deutschen Kriminalitätsstatistik	1
Bewohner	664 838
Regentage / Jahr	183

Lage

Acht Meilen nördlich von Frankfurt International Airport (FRA).

Dialekt / Volkstümliches

Erbarme! Die Hesse komme! Frankfurterisch ist für Außenstehende manchmal unverständlisch.

Frankforderisch	**Hochdeutsch**
Ei Guude, wie?!	Herzlich willkommen im Callcenter der Deutschen Bank! Schön, dass Sie sich melden.
Ei horsche mo!	Es gibt da ein Problem mit Ihrem Wohnungskredit.
Lewwe un lewwe lasse!	Sie sind mit der Rate etwas im Rückstand, da haben wir ihn leider aus Gründen unserer Renditesteigerung verkauft. Aber ist nicht sehr schlimm für Sie.
Kee Gebabbel!	Ich könnte Ihnen das genauer erklären, aber leider habe ich hier noch mehrere Hundert Anrufer in der Leitung, die ebenfalls betroffen sind.
Mache Se kee Faxe.	Bleiben Sie ruhig. Für Sie ändert sich quasi gar nichts. Nur haben Sie eben keine Wohnung mehr.
Beleidischte Lewwerworscht!	Sowas. Aufgelegt!

Berühmte Bürger

Der **Struwwelpeter** ist in Frankfurt erschienen und erschreckt seit 1845, gemeinsam mit dem bösen Friederich, der Pauline mit den Zündhölzern und dem Daumenlutscher (»klipp und klapp«) kleine Kinder. »Lustige Geschichten« steht im Titel – das ist Frankfurter Humor.

Nitribitt, Rosemarie entzündete die verschwitzte Fantasie der Adenauer-Zeit. Endete wie eine Struwwelpeter-Figur.

Unbedingt verpassen

Die **Zeil**, laut *taz* »hässlichste Fußgängerzone der Welt«, ist zugeklebt mit dem üblichen Douglas- und H&M-Einerlei. Pluspunkt: Für **Fahrradfahrer** wurde, mit ADFC-Unterstützung, eine extra Umleitung geschaffen, damit sie nicht hier durchmüssen.

Der **Platz der Republik**. In einer italienischen Stadt hieße so die zentrale Piazza, mit Kirche, Markt und buntem Treiben. In Frankfurt ist es die Kreuzung einer sechs- mit einer achtspurigen Straße.

Bekannt durch …

… die Hochhäuser. Frankfurt muss schon deswegen die **Längsten** haben, weil in der Stadt so überdurchschnittlich viele Dicke-Hose-Jobs angesiedelt sind: Banker, Werber, Unternehmensberater sitzen stets gerne möglichst weit weg vom realen Leben.

Die Frankfurter sind stolz auf ihre schmucken Stadtmöbel. Hier der berühmte Messeturm (halbverdeckt).

Heiratsmarkt I

Men's Health, Fachblatt für verzweifelte männliche Singles, fand 2006 heraus, dass Frankfurt den **niedrigsten Frauenanteil** aller deutschen Großstädte hat. Wer also eine Ausrede sucht, dass er keine abkriegt: auf nach Frankfurt!

ⓘ **Tags** ⇉ Kohl, Mord

Heiratsmarkt II

Zur **Automesse** IAA ist die Stadt voller junger Männer mit Plastiktüten, die Anstecknadeln von Autofirmen sammeln.
Zur **Buchmesse** ist die Stadt voller junger Frauen mit Romanmanuskripten, die Verlagsabsagen sammeln.

Abreise

»*Bing-bong* … Damen und Herren, Kapitän *(unverständlich)* und seine Crew begrüßenSierecht *(unverständlich)* an Bord unserer … unseres Airbus mit der Destination *(unverständlich)*. Leider verzögert sich unser Start noch um … wenige Minuten, weil der Luftraum über Frankfurt über… fülltistwirdanken für Ihr *(unverständlich)*. Thank you for rumstehing with Lufthansa! – Flight attendant for quickie to cockpit! *Klick.*«

Um hier wegzukommen, kann man zwischen Taxi und S-Bahn wählen. Gut.

Freiburg im Breisgau ›

Wenn daheim alles ausverkauft ist, eilt der Freiburger Öko eben rasch nach Basel.

Daten

Bundesland	Baden-Württemberg
Autokennzeichen	FR (die hat nur hier noch Leser)
Bewohner	219 665
Fluchtweg suchen	Schauinsland (1284 m ü. d. M.)
Fluchtweg finden	Freiburg-Marathon + 6 km Ehrenrunde = Colmar (Frankreich)
Regentage / Jahr	133

Lage

Freiburg liegt auf dem 48. Breitengrad und ist im Jahresmittel die **wärmste** Stadt Deutschlands. Keine Empfehlung in Zeiten des Klimawandels!

Berühmte Bürger

Wolfgang Schäuble wurde in Freiburg geboren. Er erwarb sich später große Verdienste um die Finanzierung der CDU, was von Neidern mit dem Begriff »Spendenaffäre« belegt wurde.

Geschichte

Der Stadtheilige ist St. Georg, sodass Freiburg mit seiner Flagge (rotes Kreuz auf weißem Grund) **Fahnenflucht** begeht: Sie ist seit 1384 identisch mit der englischen.

Fußball

Der **SC Freiburg** ist das Solarmobil unter den deutschen Fußballclubs: Die Stadt hatte als erste in Deutschland einen grünen Bürgermeister, das Stadiondach erzeugt Strom und die Spieler haben nur bei Sonnenschein Power.

ⓘ Tags ⇉ Mord, Schweiz, Topp

Was alle anschauen

Sämtliche Kinofilme. Niemand geht so oft ins Kino wie die Freiburger – dreimal so häufig wie der Bundesschnitt. Irgendjemand sollte den Leuten mal sagen, dass das **Fernsehen** erfunden wurde.

Bekannt durch …

… den **Schwarzwald**. In Reisebeschreibungen von hier verwendet man traditionell die Formulierung: »Mir wurde bei solchem Anblicke ernst und feierlich zu Muthe.«

Schnell zu besichtigen

Das **Café Fünfeck**. (Hinweis: Schnelle Besichtigung nur von außen möglich. Innenbesichtigung ab fünf Jahre. Es handelt sich um das örtliche Gefängnis.)

Heiratsmarkt

Der Altersdurchschnitt der Bevölkerung liegt bei 40 Jahren. Das ist einer der niedrigsten aller deutschen Städte. Wer also auf alternde **Millionäre** oder reiche Witwen statt auf arme Studenten steht, fährt besser die 100 Kilometer nach Baden-Baden.

Gut zu wissen

Die Stadt ist durchzogen von kleinen Kanälchen (»**Bächle**«), von denen man sich nach abendlichen Kneipenbesuchen besser fernhält, »wenn der Markgräfler Most seine losen Geister entfesselt hat, und nicht allein in den Fässern rumort, sondern auch in den Köpfen«. *(Die Gartenlaube, 1875)*
Sonst fällt man nämlich hinein und wird **nass**.

Abreise

Nach dem Abtrocknen. Nach Frankreich. Oder nach der Schweiz.

Fürth

Fort aus Fürth!

Daten

Bundesland	Bayern
Bewohner	114 071
Beste Aussichten	Solarberg Atzenhof (348 m ü. Normal-Müll)
Regentage / Jahr	137

Lage

Links von Nürnberg, ohne Abstand. Wo Fürth anfängt, merkt man am einfachsten, indem man einen FC-Nürnberg-Schal umlegt und losspaziert: Wo die ersten **Schläge** fallen, beginnt das Fürther Stadtgebiet.

Geschichte

Die Ursprünge der Stadt liegen wohl 1250 Jahre zurück. Gegründet als Vorstadt von Nürnberg, hatte Fürth anfangs einen grandiosen Vorteil: Nürnberg existierte noch gar nicht. Später musste Fürth sich dann aber doch an Fusionspartnern wie **Vestenbergsgreuth** orientieren.

Fußball

Henry Kissinger spielte in seiner Jugend für die Spielvereinigung Fürth, wurde dann aber samt seiner Familie – weil jüdisch – aus der Stadt vergrault und ging nach **Amerika**, um dort Friedensnobelpreisträger zu werden.
Damals waren die SpVgg und Nürnbergs Club die **besten** deutschen Mannschaften. Die Nationalmannschaft bestand zeitweise nur aus Spielern der beiden Vereine – die aber kein Wort miteinander sprachen! Heute sind in erster Linie die Fans der zwei Vereine verfeindet (auch wenn sie von Außenstehenden meist nicht voneinander unterschieden werden können).

Schnell zu besichtigen

Die mittelalterliche Bausubstanz. Davon sind nur noch ein paar Steine übrig, weil sich im Dreißigjährigen **Krieg** die Herren Gustav Adolf und Wallenstein exakt hier austobten – unter lebhafter Beteiligung ihrer jeweiligen Soldaten. 1634 waren sie fertig und Fürth war Matsch.

Termine

Wenn in München das Oktoberfest zu Ende geht, startet in Fürth die »Königin der fränkischen Kirchweihen«. **Uraltes, ortstypisches Brauchtum** wird hier gepflegt, als da sind das Tragen von Lederhosen und das Konsumieren von viel zu viel Alkohol.

Gut zu wissen

Mit 17,84 Baudenkmälern pro 1000 Einwohner hat Fürth die größte Denkmaldichte aller deutschen Großstädte (Nürnberg: 5,06). Jeder, der wegzieht, verbessert die Quote noch!

Abreise

Tja. Wenn es nicht Nürnberg wäre, würde ich sagen: U-Bahn nach Nürnberg!

Baudenkmäler ohne Ende. Die Fürther Baugeschichte reicht bis zum Pharao Cheops zurück.

Gelsenkirchen ◂

Traditionsbewusst, gottesfürchtig und mit intaktem Stadtbild: Gelsenkirchen und seine Altstadtkirche

Daten

Bundesland	Nordrhein-Westfalen
Bewohner	262 000
Prognose 2025	*226 000*
Einwohner je Hund	24,3
Prognose 2025	*1:1*
Regentage / Jahr	235

Lage

»Herz im Revier voll Kraft und Zauber« (Eigenwerbung)
Alkoholikerversion: »Voll im Revier – zauberhaft!«

Dialekt / Volkstümliches

Gel|sen|kir|che|ner Ba|rock, der: Inneneinrichtungsstil mit bevorzugtem Einsatz furnierter, abgerundeter Pressspanplatten. Vorzeigestück des G. B. ist die ↑Gläservitrine. Der intensive Einsatz von ↑Spitzendeckchen rundet das überdekorierte Ensemble gemeinhin ab, die dazu passende Hausfrau trägt Kittelschürze und gewöhnt sich seit 30 Jahren das HB-Rauchen ab.

Fußball

Schalke 05 wird ständig **fast** Meister, und das schon seit über 50 Jahren. Den Fans tut das nicht gut. Einer sagte mal in einer WDR-Reportage: »Schalke is wie ne Religion, wie der Papst.« Wann die Erlösung endlich kommt? Der Fußballpapst hat sich noch nicht geäußert.

Gut zu wissen

Beim **Wohlstand** ist Luft nach oben. Niedrigste Quote Deutschlands beim Häuslebauen: 46,8 % aller Neubauten sind Ein- und Zweifamilienhäuser (bundesweiter Durchschnitt = 82,5 %).

Abreise

Jeden zweiten Samstag, zu den Auswärtsspielen. Und zwar alle!

ⓘ **Tags** ⇉ Löwe, Weg

Gera ›

Genius, seine Sphinx züchtigend

Daten

Bundesland	Thüringen
Bewohner	100 643
Vorwahl	0365*
Wichtige Gesteine	Kalkstein, Rotliegend, Braunkohle
Kommunalwahl 2009	CDU 29,4; Linke 31,0; NPD 3,3
Regentage / Jahr	204

* *Damit die Bürger nicht vergessen, dass sie hier jeden verdammten Tag wohnen müssen*

Lage

Die Geraerinnen und Geraer wohnen in einem lieblichen Tal mit hübschen Gebäuden, in Ost-Thüringen.

Dialekt / Volkstümliches

Eine Fettbemme ist …

a) … ein Gerät zur Radlagerschmierung?

b) … ein Kosewort für eine Freundin über 120 Kilo?

c) … das Ger'sche Wort für den Hintern von Jennifer Lopez?

d) … das Lieblingsabendbrot des Thüringers!

Könnte da nicht mal ein Namensdesigner ran? Ich meine, wenn man sogar für Opel-Modelle ansprechende Namen erfinden kann, dann doch bitte auch für **Schmalzbrote**!

Berühmte Bürger

Otto Dix wurde in Gera geboren. Bald kriegt er wohl auch ein Riesenmuseum in der Stadt. Das kam so: Die Bundesbank baute 1999 **aus Versehen** ein großes Gebäude in Gera. Man gab 24 Millionen aus, merkte aber kurz nach dem Einzug, dass man hier gar nichts zu tun hatte. Die Stadt kaufte das Haus dann. Nachdem der Steuerzahler die Kiste nun zweimal bezahlt hat, kommt Dix rein. Neue Sachlichkeit. Passt doch!

Abreise

Der nächste Ort ist … Gera! Aaaaaaaaaaaahhhhh!

ⓘ **Tags** ⇉ GJW, Löwe, Weg

Göttingen

Daten

Bundesland	Niedersachsen
Bewohner	121 513
Göttingen 05	1952/53 Fünfter der Oberliga Nord
Göttinger 7	1837 gefeuert
Göttinger 18	1957 vergrault
Göttinger Gruppe	2005 insolvent
Regentage / Jahr	208

Lage

Göttingen muss zwischen Basel und Hamburg liegen, denn im Dezember 2008 berichteten die Zeitungen über einen »ICE Basel–Hamburg«, der durch den Göttinger Bahnhof raste, ohne anzuhalten. Normal stoppt er wohl immer.
Die 40 Fahrgäste, die eigentlich in Göttingen aussteigen wollten, konnten erst in Northeim den Zug verlassen. Niemand war böse, der Lokführer hatte es ja nur **gut gemeint**!

Berühmte Bürger

Georg Christoph Lichtenberg, der **Harald Schmidt** des 18. Jahrhunderts (abgesehen davon, dass er natürlich keine Fernsehshow hatte, wegen seiner Wirbelsäulenverkrümmung einen halben Meter kleiner und hauptberuflich auch noch hochgerühmter Wissenschaftler war – und abgesehen von seinen sexuellen Vorlieben), also Lichtenberg arbeitete und starb in Göttingen.
Die Stadt heißt immer noch Göttingen und nicht Lichtenberg, aber ein kleiner Mondkrater wurde inzwischen nach ihm benannt.

Unbedingt verpassen

Die Göttinger. Heinrich Heine beschrieb die **vier Arten** von Bewohnern: »Studenten, Professoren, Philister und Vieh. Der Viehstand ist der bedeutendste.«

Gut zu wissen

Der Satirepreis **Göttinger Elch** steht unter dem Motto »Was wird bleiben?«. Viel wichtiger ist die Frage: Wer?

Was alle anschauen

Den Film »Natürlich die Autofahrer« von **Heinz Erhardt** aus dem Jahr 1959. Der wurde in Göttingen gedreht und handelt von einem pedantischen Verkehrspolizisten (Erhardt), der plötzlich Autofahren lernen muss. Aus dem Herrscher der Kreuzung, der sogar den Polizeipräsidenten verwarnt, wird ein unfähiger Fahrschüler (unter der Fuchtel von Trude Herr!), der, nachdem der erste Fahrschulkäfer zerstört ist, fragt: »War doch schon ganz schön. Und welchen Wagen nehmen wir jetzt?«

Klohäuschen mit Plakatflächen erlauben zielgruppengenaue Werbung.

Heiratsmarkt

Göttinger Studenten küssen traditionell die Gänseliesel, eine Bronzefigur auf einem Brunnen. **Echte Frauen** würden sich nicht von Göttinger Studenten küssen lassen. Die Gänseliesel hat aber auch noch nie zurückgeküsst.

Abreise

»Die Stadt selbst ist schön, und gefällt einem am besten, wenn man sie mit dem Rücken ansieht.« *(Heinrich Heine, Harzreise)*

Hagen <

Daten

Bundesland	Nordrhein-Westfalen
Bewohner	192 177
Status	Liverpool der Neuen Deutschen Welle
Niveau	8 Straßen mit über 20 % Gefälle
Regentage / Jahr	173

Lage

Auf der einen Seite ist das Ruhrgebiet, auf der anderen Seite ist das Sauerland. Dazwischen liegt Hagen und achtet sorgsam darauf, sich nicht zu bewegen.

Berühmte Bürger

Nena »99 Luftballons« **Kerner kommt aus Hagen**. Sie wurde in den 1980er Jahren berühmt und schafft es seither immer wieder in die Schlagzeilen. Wann wir sie vergessen dürfen? Irgendwie, irgendwo, irgendwann …

Bekannt durch …

… Zwieback. **Carl Brandt** gründete hier vor hundert Jahren seine rotbackige Zwiebackfabrik – und niemand hat mehr fiese, pieksende Gebäckkrümel in deutsche Elternbetten gebracht als dieser Mann.

Gut zu wissen

Die Hagener wissen schon, dass ihre Stadt nicht so prickelnd ist. Deshalb haben sie ihre Uni so konzipiert, dass man nicht da sein muss. Die **Fern-Uni** macht's möglich.

Du willst hier nicht studieren? Dann schreib dich ein!

Abreise

»Flieger, grüß mir die Sonne!« (Extrabreit, Hagener Band)

Halle an der Saale ›

Daten

Bundesland	Sachsen-Anhalt
Autokennzeichen	HAL
Bewohner	233 013
Ex-Bewohner	Angeln, Warnen, Wenden. Und Hermunduren
Top-Bezirke	Mötzlich, Dautzsch, Planena, Frohe Zukunft
Regentage / Jahr	266

»Ich bin heute zu Ihnen gekommen, um Ihnen mitzuteilen, dass heute meine Ausreise ...«: der berühmte Genscher-Balkon

Lage

Sachsen-Anhalts Saalestadt: Halle an der Saale. Aaaaaahhh!

Geschichte

Halle-Neustadt war das größte **Plattenbauviertel** der DDR. Die Bürger waren begeistert: Die Hochhäuser hatten Heizung und einen tollen Blick auf die jeweils nächste Platte. Außerdem waren die Wände schön dünn und man konnte prima die Nachbargespräche mitschreiben.
Nicht zu vergleichen mit den stuckbehangenen Altbaulöchern mit den viel zu hohen Decken. Da will ja keiner rein!

ⓘ**Tags** ⇉ CBL, Kohl, Mord, Weg

Berühmte Bürger

Friedrich Ludwig »Turnvater« **Jahn** lebte in Halle eine Weile als **Höhlenmensch**: Er musste sich 1800 vor beleidigten Studenten in einer Saalegrotte verstecken. Wie man die deutschen Studenten von damals kennt, lag das nicht an Sprüchen wie »Polen, Franzosen, Pfaffen, Junker und Juden sind Deutschlands Unglück«.

Hans-Dietrich Genscher wurde in Halle geboren, machte aber, dass er wegkam, als er spitzkriegte, dass Außenminister in der DDR Quatsch gewesen wäre, weil man ja gar nicht rausdurfte.

Fußball

Die Rechtsaußen stehen beim Regionalligisten auf der Tribüne: In die Schlagzeilen kam der Hallesche FC in den letzten Jahren eigentlich nur wegen Rassismus und Randale.

Unbedingt verpassen

Die 266 Regentage (2004). Das ist europäische Spitze, noch vor Glasgow und Manchester. Nun könnte man sagen: »Immerhin: gut für die Pflanzen«, aber kurioserweise fällt an

diesen 266 Tagen viel weniger Regen (im Sommer nur 153 mm) als anderswo an 180! Das Hallenser Wetter ist also tatsächlich nur da, um für schlechte Laune zu sorgen.

Gut zu wissen

Die Flagge der Stadt sieht ein bisschen aus wie eine gedrehte türkische Fahne. **Allah an der Saale**? Ähnlich rätselhaft ist, was ein **Beatles-Museum** in Halle zu suchen hat.

Bekannt durch …

… die Halloren-Kugeln. Die werden in Deutschlands ältester Schokoladenfabrik (>200 Jahre) hergestellt. Sollten Sie beim Ausmisten eine Schachtel davon finden mit Haltbarkeitsdatum 11/09, könnte es also sein, dass sie von 1809 stammt. Weil die Kugeln zum Essen zu süß sind, werden sie in Notzeiten als Murmeln benutzt. Oder als Munition (vgl. Fußball).

Da sind Ziegel in der Wand! Völlig unnötiger Firlefanz.

ⓘ**Tags** ⇉ CBL, Kohl, Mord, Weg

Hamburg ›

Der Bahnhof ist die Visitenkarte der Stadt. Hier ein ICE-Gleis des Hamburger Hauptbahnhofs (bei Tag).

Daten

Bundesland	Hamburg
Höchste Erhebung	Der Hasselbrack (116,2 m)
Bewohner	1 775 333
Kleiner Komplex	Bremen (wg. Fußball)
Großer Komplex	Berlin (wg. Rest)
Beste Haltestellen mit S	Schlangenkoppel, Schulredder, Sülzbrack, Schulterblatt, Schlump, Schiefe Brücke
Regentage / Jahr	210
Nebeltage / Jahr	52

Lage

Nicht an der **Nordsee**, obwohl das alle immer denken! Hamburg ist eine Stadt am Fluss (vielleicht mit einem etwas überdurchschnittlichen Hafen).

Dialekt / Volkstümliches

Der wohl bekannteste Seeräuber unserer Breiten, **Klaus Störtebeker**, wurde hier – obwohl die Stadt nicht an der See liegt – publikumswirksam von seinem Kopf befreit. Der Sage nach bat er darum, nach der Enthauptung noch ein paar Schritte gehen zu dürfen. Die Piratenkameraden, an denen er es noch vorbeischaffte, sollten freigelassen werden. Nach dem elften stellte ihm der Henker dann aber ein Bein, damit ihm nicht das ganze Geschäft vermasselt wurde (er bekam eine Kopfpauschale). Das war auch 1401 nicht sehr fair, zeugte aber bereits vom guten **Geschäftssinn** der Hamburger.

Restaurant Mykonos in Hamburg

Geschichte

Im Februar 1962 wurde Hamburg (obwohl es gar nicht am Meer liegt) von einer Sturmflut überrascht, die über 300 Menschen den Tod brachte. Die Opferzahl hätte noch viel höher sein können, aber ein gewisser Helmut **Schmidt**, der damals dort Polizeisenator war, rettete die Stadt quasi eigenhändig. Seine Idee war es, Hubschrauber anzufordern (auf **Boote** gehen Hamburger nicht gern).

Berühmte Bürger

Heidi Kabel (»Der Willy Millowitsch Hamburgs«) stand ab 1932 im Ohnsorgtheater auf der Bühne. Ab 1954 übertrug das Kabelfernsehen all die Komödien, deren Handlung stets gleich war: Jemand wird im falschen Bett erwischt, dauernd kommt einer total überraschend nach Jahren auf See zur Tür rein, die Kabel kichert und am Ende haben sich alle lieb.

Fußball

Uwe, Uwe, Uwe Seeler: das 2:1 gegen Schweden … das Hinterkopftor gegen England … die gerissene Achillessehne … das Idol des Hamburger Sportvereins. Lange her!

ⓘ**Tags** ⇉ AKW, CBL, Flanier, Mord

Der HSV ist schon immer in der Ersten Liga, vor 30 Jahren war er sogar mal richtig gut.
Ansonsten **Sankt Pauli**, die kickende Antithese zum VIP-Fußball anderer Großstädte. Nette Fans. Gewinnt nur leider nie was.

Was alle anschauen

Tags, schlaue Sprüche und Namenszüge in allen Kneipenklos und U-Bahnen der Welt, gemalt mit einem **edding**, dem Stift, der »kreative Akzente im Hobby-Freizeitbereich setzt« (Eigenwerbung). Die Eddings kommen aus Hamburg.
Was auch alle anschauen, ist die **Reeperbahn** (nicht am Meer). Zum Leidwesen der dort Arbeitenden gucken alle wirklich nur, kaufen aber nix. Eine nette Idee wäre es, das Viertel zum Museum zu erklären. Touristen können sich dann von den Türstehern herumführen lassen und interessante Geschlechtskrankheiten in kleinen Fläschchen kaufen.

Ein weiteres, von Hamburgbesuchern gern besichtigtes Quartier ist zurzeit das Karo- und **Schanzenviertel** als kulturell angesagtester Ort. Für Provinzler verbergen sich hinter dieser Bezeichnung exotische Läden und gute Stimmung. »Tatsächlich heißt das, dass es dreckig und laut ist und man an jeder Ecke Dope angeboten bekommt!« (Fanny Müller)

Bekannt durch …

… Ringelnatzens Ameisen, die nach Australien reisen wollten, aber nur bis Altona kamen. Also noch weit weg vom Meer waren. »Da verzichteten sie weise / Denn auf den letzten Teil der Reise«. Leider kein Vorbild für uns!

Schnell zu besichtigen

Die Elbphilharmonie ist eine Konzerthalle, die bestimmt mal ganz toll wird, auch wenn sie nicht am Meer stehen wird. Wegen ein paar Kleinigkeiten wird sie leider einige Jahre später fertig als geplant. Der ursprüngliche Architekt wurde auch rausgeschmissen. Ach ja, und das Ding wird angeblich zehnmal so **teuer** wie gedacht, aber das ist nur sensationsgeiles Mediengequatsche, da gib mal nix drauf!

Heiratsmarkt

Die wohlhabende Hamburgerin ist eine »gelungene Mischung aus Pferd und Frau: viel Zahnfleisch, Möhrenjeans und Hermèsgürtel«. *(Wolfgang Joop)* Es soll Männer geben, die auf so was stehen.

Gut zu wissen

Hamburg liegt **nicht** am Meer.

Abreise

Wohin schon? Ans Meer natürlich!!!
»Ein Wind weht von Süd // Und zieht mich hinaus auf See,
Mein Kind, sei nicht traurig // Tut auch der Abschied weh.« *(Hans Albers)*

ⓘ **Tags** ⇉ AKW, CBL, Flanier, Mord

Hamm ›

Wenn du ein Hammer bist, sieht alles wie ein Glaselefant aus.

Daten

Bundesland	Nordrhein-Westfalen
Autokennzeichen	HAM (oder SEIN)
Bewohner	182 459
Schwimmclub	Rote Erde Hamm
Regentage / Jahr	171

Lage
Muss irgendwo bei Schraubenzieh und St. Ichsäg liegen.

Dialekt / Volkstümliches
Wenn Hammer was suchen, sollte man sie machen lassen. Mit **Überraschungen** darf man aber rechnen. Als jemand im 19. Jahrhundert ein Loch bohrte, um vielleicht Steinkohle zu finden, stieß er auf eine Heilwasserquelle – einige Jahre später fanden sie beim Brunnenbohren dann Kohle.

Geschichte
Stadtgründung (1226). Brände. Pest. Judenvertreibung. Wieder Pest. Stadtbrand. Pest. Hungersnot. Stadtbrand. Reformation. Pest. Pest. Pest. Spanier. Schweden. Preußen. Brand. Pest. Brand. Brand. Hungersnot. Franzosen. Preußen. Hungersnot. Cholera. Gründung einer Feuerwehr, seither keine Stadtbrände mehr, dafür Überschwemmung. Grubenunglück. Nazis. Bombenangriffe. Müllverbrennungsanlage. Waldorfschule. AKW-Störfälle. (Stand: Sommer 2010)

Bekannt durch …
… Hamm-Uentrop. Dort stehen als architektonische Highlights das Kohlekraftwerk *Westfalen* sowie Europas zweitgrößter Hindutempel. (Der Tempel, links, verbraucht etwas weniger Kohle.)

✈ Abreise

Vor 100 Jahren hatte Hamm Europas größten Rangierbahnhof. Auch heute noch halten, warum auch immer, sehr viele Züge hier, die Sie weit, weit wegbringen können.

Alternative: Stadthafen Hamm (Ladekapazität 2005: 1200 Tonnen)

Hannover ›

Grau und fensterlos, aber immerhin nicht eckig

☛ Daten

Bundesland	Niedersachsen
Autokennzeichen	H!
Bewohner	519 619
Musikattraktion	Der musikalische Kanaldeckel
Regentage / Jahr	206 mm (Juni, Juli, August)

Lage

Hannover liegt an der Leine. Darüber sind alle Witze gemacht worden. Und es würde auch **ohne Leine** nicht abhauen.

Dialekt / Volkstümliches

Zu einem Dialekt hat es nie gereicht. Sie sprechen »das beste Hochdeutsch«, die Streber! (Ich hab keine Komplexe! Ich net!!!)
Dafür nennen sie einen ihrer wichtigsten Plätze »**Kröpcke**« und haben eine Bäckereikette namens »Go Going!«.

Berühmte Bürger

Ernst August von Hannover, beim Volk reichlich unbeliebter, erzreaktionärer Amtshannoveraner, heiratete eine Prinzessin – eine junge Witwe mit einem bis dahin sehr turbulenten Liebesleben. Einem missliebigen Verleger ließ der bekennende Antidemokrat gerichtlich verbieten, über ihn zu berichten. Ansonsten hatte er nicht viel zustandegebracht, als er im November des Jahres 1851 starb.
Der **aktuelle** Ernst August ist da natürlich ganz anders!

Fußball

»Über den Kampf zum Spiel finden« war die Losung von **Gerhard** »Acker« **Schröder**, dem bekanntesten Kicker Hannovers. Er wuchs in einem Dorf eine Stunde entfernt auf. Eine vielversprechende Karriere als Mittelstürmer gab er auf, um zunächst Juso-Chef, dann Brionikanzler und schließlich Lobbyist zu werden.

Unbedingt verpassen

Die »infernalisch graue, dumme Stadt« (Gottfried Benn) **Hannover bei Nacht**. Der Wikipedia-Abschnitt über das Nachtleben wurde mangels Relevanz gelöscht.

Was alle anschauen

Den **Maschsee**. Lustig, was sich die Leute hier unter einem See vorstellen: ein künstliches, handtuchschmales, 2,4 Kilometer langes Bassin mit maximal zwei Meter Wassertiefe.

Bekannt durch …

… die **Scorpions**, den VW Jetta unter den Rockbands: Eingefleischte Fans lieben sie. Aber Leute mit Geschmack wenden sich mit Grausen.
Die »Leopardenunterhosenband« (Wiglaf Droste) aus Hannover sei stilbildend für viele Rock-Giganten gewesen, liest man. Was **hätte** der Welt alles **erspart** bleiben können!

Schnell zu besichtigen

Leibniz, Gottfried Wilhelm, Philosoph. Starb in Hannover. Muss ausgesehen haben wie ein Keks, hatte 52 Zähne. Wird heute vor allem von Kleinkindern verehrt.

Heiratsmarkt

Seit 500 Jahren feiert man im Sommer hier Schützenfest. Tausende **Ballermänner** und -frauen ziehen dann durch die Stadt und zeigen ihre langen Rohre und dicken Kugeln. Höhöhö!

ⓘ **Tags** ⇉ AKW, CBL, Löwe, Mord, Schweiz, Topp

Termine

Fronleichnam und Allerheiligen sind Feiertage in NRW, aber nicht in Niedersachsen, das infolgedessen an diesen Tagen von einer Lemminghorde westfälischer Schnäppchenjäger niedergerannt wird.

Gut zu wissen

Wer sich vor dem Hauptbahnhof verabredet, der trifft sich »unterm Schwanz«. Gemeint ist der Schwanz der Pferde-Statue dort. Furchtloses Völkchen.

Der Apfel fällt …

Abreise

Teile des **Königshauses** wanderten im 18. Jahrhundert nach England aus.
Man kann auch nach Amerika abhauen. Am besten möglichst früh, so wie **Emil Berliner**. Mit 19 wanderte er aus und erfand dann in den USA Schallplatte und Grammophon (zu den Nachteilen dieser Erfindung s. o. »Scorpions«).
Die Nachkriegs-Gründungen ***Stern*** und ***Spiegel*** erschienen zunächst in Hannover. Als es den Redakteuren hier nach kurzer Zeit zu langweilig wurde, zogen sie alle nach Hamburg.
1969 wollten dann **alle** weg. In Hannover wurde der ● erfunden, der signalisierte: Ich nehme Anhalter mit. Wohin auch immer.

Heidelberg ›

2 ½ Tonnen Touristen! Pro Heidelberger!

Daten

Bundesland	Baden-Württemberg
Bewohner	145 311
Arztdichte	394 auf 100 000 Einw. (= Platz 1 in Deutschland)
Regentage / Jahr	133

Lage

Am Neckar, etwa bei Flusskilometer 23.

Dialekt / Volkstümliches

Die beliebteste Touristen-Frage fiel leider der Rechtschreibreform zum Opfer: »Where is the Schlob?«

Geschichte

Vor etwa 100 Jahren entdeckte man in der Nähe der Stadt einen Kieferknochen, der als ältestes menschliches Relikt in Europa gilt. Direkt neben dem Knochen lagen die Brieftasche und der Terminkalender des Mannes, so dass man heute weiß, dass er *Homo Heidelbergensis* hieß und vor einer Million Jahre lebte. Als letzten Termin hatte er »12 Uhr Mammut jagen« eingetragen. Die Schlossbesichtigung hatte er zum Glück schon den Samstag zuvor erledigt, kurz nach ihm kam das Mammut **Ludwig XIV.** und zerstörte das Schloss.

Was alle anschauen

Heidelberg. Und zwar wirklich alle!

Vor allem die **Amerikaner** fallen hier jeden Sommer ein – zuverlässiger als im Irak, wo sie ja nur alle paar Jahre auftauchen. Statistisch gesehen kommen so auf jeden Heidelberger Bürger knapp zweieinhalb Tonnen Touristen.

Schnell zu besichtigen

Das Große Fass im Keller des Heidelberger Schlosses. Es ist nämlich leer – irgendjemand muss in den Jahren seit 1751 mächtig **Durst** gehabt haben, daher fehlt von den 220 000 Litern Wein, die reinpassen, jede Spur.

ⓘ**Tags** ⇉ 5, AKW, Bahnhof, Beimer, Löwe

Heiratsmarkt

Die Heidelberger Uni zieht seit 1386 junge Menschen an, die statt zu arbeiten lieber Papas Kohle verprassen. Schon Mark Twain beobachtete hier den typischen **Studenten**, der »seine Mahlzeiten hält, wann und wo es ihm gefällt. Er geht schlafen, wann es ihm passt, und steht, wenn er keine Lust hat, überhaupt nicht auf.«

Lernen! Lernen! Lernen!

Gut zu wissen

Die »erste Tankstelle der Welt« ist die Stadt-Apotheke in Wiesloch, bei der Bertha Benz auf der welt-ersten Auto-Fernfahrt von Mannheim (s. a. dort!) nach Pforzheim Benzin kaufte. Heute wäre Bertha verloren: Die Apotheke liegt in der Fußgängerzone!

Abreise

Frankfurt/Main Airport Flight AA 6581 Departure 0230pm Gate 2D
Oder: Europäischer Fernwanderweg E1 (Mittelschweden – Umbrien)

Heilbronn ‹

Daten

Bundesland	Baden-Württemberg
Bewohner	122 098
Unterwegs verlorene Ortsteile	Hetensbach, Ascheim, Utenhusa, Widegavenhusa
Grüne Pfeile	65 (West-Rekord)
Regentage / Jahr	200

Lage

Von der A6 aus gesehen im Dunst hinter dem Kühlturm.

Berühmte Bürger

Das **Heilbronner Phantom** war eine Art Über-Gangster: eine Frau, die in halb Deutschland bei Morden und Diebstählen ihre DNA-Spuren hinterließ. Auch bei einem Polizistenmord in Heilbronn fand man ihre DNA, daher der Name.
Am Ende stellte sich heraus, dass das Phantom eine Mitarbeiterin des Wattestäbchenvertriebs war, von dem die Polizei ihre DNA-Teststäbchen bezog. Sie hatte die Stäbchen alle angefasst.

Bekannt durch …

… Tütensuppen. In Heilbronn sitzt Knorr, eine der Firmen, die uns einreden, Kochen ohne ihre Produkte sei **total** kompliziert.

Gut zu wissen

Es bestand »keine Gefahr für die Zivilbevölkerung«, als 1985 der Motor einer Pershing-2-Rakete bei Heilbronn explodierte. Es standen ja auch nur neun **Atomraketen** auf dem Gelände der US-Basis Waldheide herum. Drei Soldaten starben, die Unglücksursache blieb unklar.

Abreise

Überall Autobahnen.

ⓘ**Tags** ⇉ 5, AKW

Herne ›

Restaurant Mykonos in Herne

Daten

Bundesland	Nordrhein-Westfalen
Autokennzeichen	HER (früher auch WAN)
Bewohner	166 924
Schwimmbad	*Südpool* (→ Neumayer III)
Tische draußen	900*
Regentage / Jahr	236

* *Beim größten Picknick Deutschlands*

Lage

Bei Wanne-Eickel (s. u.).

Dialekt / Volkstümliche Geschichte

Herne ist seit 1975 eine Stadt mit einem Geschwür. Die vorher freie Stadt Wanne-Eickel wurde damals dem etwa gleich großen Herne zugeschlagen. Seither sammeln die Wanner und Eickeler Steine, um eine Mauer zu bauen. Irgendwann werden sie genügend Material haben …

Berühmte Bürger

Adolf »Bleibense Mensch« **Tegtmeier** lebte 30 Jahre lang in Herne (unter ~~Tage~~ seinem echten Namen **Jürgen von Manger**). Von ihm lernten viele Millionen Deutsche, wie Ruhrgebietsdeutsch klingt. Dass er seinen »Dialekt« frei zusammenimprovisiert hatte, war da nachrangig.

Was alle anschauen

Nichts. Kommt nämlich keiner. Eine Studie stellte 2007 fest, dass in Herne nur 0,4 Gäste pro Einwohner übernachten (Bundesschnitt: 2,8). Das war der letzte Platz von 50 Städten.

Bekannt durch …

… Wanne-Eickel. Der Ortsteil taucht in x Fernsehsketchen und Komödien auf, weil er so schön blöd klingt. Auch als Vergleich ist W-E beliebt: »Amsterdam ist das Venedig des Nordens. Oslo hingegen ist das Wanne-Eickel Skandinaviens: Keiner weiß, wo es liegt, und keiner will dorthin.« *(Hape Kerkeling)*

Termine

Die Cranger Kirmes Anfang August ist nicht das größte, aber definitiv das **überfüllteste** Volksfest Deutschlands. Die U-Bahnen in Tokio fühlen sich ähnlich an – nur heißen die eben nicht *Olympia-Looping* oder *Disco-Jet*.

Abreise

Die A42 und die A43 treffen sich im Autobahnkreuz Herne – mitten in Herne! Unschön für die Bewohner, mag sein. Aber eine Riesenchance!

Restaurant Mykonos in Hildesheim

Hildesheim ➤

Daten

Bundesland	Niedersachsen
Bewohner	103 288
Drumrum?	Achtum, Einum, Itzum, Ochtersum, Sorsum, Kleinbonum, Aquarium, Babaorum, Laudanum
Regentage / Jahr	144

Lage

Südlich von Hannover, »wo ein geducktes Volk komplexbeladener Neider haust, grün vor Eifersucht auf Hildesheim«. *(Die Zeit)*

Geschichte

Nichts ist älter als die Zeitung von gestern? Doch! Die *Hildesheimer Allgemeine*. Die Redaktion besteht seit 1705, die Hildesheimer **Fischhändler** haben also seit über 300 Jahren etwas, um ihre Ware einzupacken.

Berühmte Bürger

Briefe »An den Weihnachtsmann in 31137 Hildesheim-Himmelsthür« werden von der Post geöffnet und beantwortet. Es war das erste Weihnachtspostamt in Deutschland. Süß!
Weil Postfilialen aber Geld kosten und die Bürger sich ihre 55-Cent-Marken schließlich auch im Internet ausdrucken können, hat die Post AG ihre Filiale dort inzwischen **geschlossen**. Gemein!

Gut zu wissen

Hildesheim hieß früher »Nürnberg des Nordens«. Man stelle sich Hildesheim vor – und dazu fränkischen Dialekt! *Schauder*

Abreise

Früher: »Geh doch rüber!« (Zonenrandgebiet!)
Heute: Nicht mal mehr das.

Ingolstadt ›

Wieso denkt man bei Tracht immer gleich an Prügel? Ist doch schön!

Daten

Bundesland	Bayern
Autokennzeichen	IN
Bewohner	123 925
Einwohner / Krankenhausbett	104
Ärzte	310 (davon 246 unpraktisch)
Regentage / Jahr	208

Lage

In Oberbayern, an der Donau.

Geschichte

Ingolstadt war im 16. Jahrhundert Zentrum der Gegenreformation: Luthers größter Gegenspieler war Doktor Johannes Eck, Theologe an der hiesigen Universität.

Wenn der sich damals durchgesetzt hätte, gäbe es heute noch einen **Papst** und es würden Leute an die **Jungfrauengeburt** glauben!

Berühmte Bürger

Die Schriftstellerin **Marieluise Fleißer** zog von hier nach Berlin, war mit Brecht befreundet und schrieb 1928 das Stück »Pioniere von Ingolstadt«, weswegen sie hier keiner mehr leiden konnte.

Und was macht sie? Kommt zurück, heiratet einen Tabakhändler, arbeitet in seinem Laden und lässt sich von den Ortsnazis schikanieren!

Bekannt durch ...

... das Reinheitsgebot von 1516. Wasser. Hopfen. Malz. Sich gesund totsaufen, ohne Zusatzstoffe: eine Idee aus Ingolstadt!

ⓘ**Tags** ⇉ Beimer, Löwe

Heiratsmarkt

In der Alten Anatomie der Uni Ingolstadt wurde, der Schriftstellerin Mary Shelley zufolge, **Dr. Frankensteins** künstliche Kreatur geschaffen: das sogenannte Monster. Keine Schwiegermutter zu erwarten, international berühmt … von der typisch oberbayerischen Kopfform abgesehen ein durchaus passabler Ehekandidat!

Frankensteins Braut fährt heimlich Audi.

Gut zu wissen

Der Illuminaten-Orden wurde 1776 in Ingolstadt gegründet. (Achtung, diese Information ist **GEHEIM**!) Mittlerweile müsste er eigentlich unseren gesamten Planeten beherrschen. **Heimlich**. Gründer Adam Weishaupt hatte das jedenfalls so geplant. **Konspirativ**.

Falls das so ist: Könntet ihr jetzt langsam mal anfangen, das Ding aus der Scheiße zu ziehen? Danke.

Abreise

Verlasst Ingolstadt – und wenn's nur für Marieluise Fleißer ist!

Zum Beispiel mit einer Donaudampfschifffahrtsgesellschaftskapitänsmütze auf dem Kopf per Schlauchboot stromabwärts. Nach gut 2000 Kilometern ist man am Schwarzen Meer.

Alternative: Tägliche Nachtzugverbindung nach Kopenhagen mit Kurswagen nach Moskau.

Jena ›

Daten

Bundesland	Thüringen
Bewohner	103 392
Davon Studenten	25 %
Wunder	0
Regentage / Jahr	204

Lage

Mit der Pferdepost von Weimar seit jeher schnell zu erreichen.

Berühmte Bürger

Friedrich Schiller verbrachte zehn Jahre in Jena. Man hatte ihm eine Professur angeboten, allerdings eine **unbezahlte**. Seine Studenten hatten nicht viel von ihm, denn er hatte ja (zum Geldverdienen) jede Menge Gedichte zu schreiben, außerdem jeden Tag einen Brief an Herrn Göte in Weimar. Irgendwann stellte er fest, dass es billiger war, Goethen die Briefe selbst vorbeizubringen, und zog auch nach Weimar.

Unbedingt verpassen

Die »Sieben Wunder« von Jena. Es sind nämlich nur fünf – und die sind auch keine Wunder. »Die Fünf So-Najas« wäre die bessere Bezeichnung.

Wo alle durchschauen

Durch Gläser von Carl Zeiss. Aber die Welt wird dadurch auch nicht schöner.

»Chef, wir haben die Papierkorbhalter jetzt komplett ans Gebäude angepasst. War noch was Wichtiges?«

ⓘ**Tags** ⇉ 5, GJW, Löwe

Schnell zu besichtigen

JenTower: HighestTurm in NeueBundesländer! SuperAussichtsPlattform mit TurmRestaurant! Erst war es einfach nur ein Turm, aber dann dachten sich MarketingExperten den Namen mit BinnenMajuskel aus, weil das irgendWie **geiler** ist.
Ihr Freibad haben die Jenenser übrigens »GalaxSea« getauft.

Hässlich bauen allein reicht nicht. Da muss man schon auch mit Farbe arbeiten!

Abreise

Für ein Viertel der Bevölkerung: Exmatrikulation.
Seit 1989 erst nach dem Abheben lebensgefährlich: Startplatz für Heißluftballonfahrten in Jena-Paradies.

Kampen / Sylt

Daten

Bundesland	Schleswig-Holstein
Autokennzeichen	NF, HH, B, M, D, S
Stadtheiliger	Porsche
Kirchen	0
Bewohner im Nov.	650
Bewohner im Aug.	100 000 oder so
Regentage / Jahr	160

Lage

Zu Redaktionsschluss dieses Buchs befand sich der Ort noch auf der Insel **Sylt**. Je nachdem, wann Sie dies hier lesen, könnte es aber auch sein, dass Sie Kampen auf dem Grund der Nordsee finden, etwa 35 Kilometer westlich des dänischen Ortes Højer.

Berühmte Bürger

Auf Sylt gibt es keine berühmten Menschen. Aber es gibt **Promis**, und das ist eigentlich noch besser: Man kann sie fotografieren, ihnen beim Essen zugucken und hinter ihrem Rücken über sie tuscheln.

Heiratsmarkt

Für ganz Unerschrockene empfiehlt sich der FKK-Strand, **Buhne 16**, den man nach einer Viertelstunde Wanderung durch die Dünen erreicht.
Etwas dezenter nähert man sich im Pony-Club oder im Gogärtchen an, wo man sich abends zu einem Drink trifft. Auch hier schaut man aber auf die Länge (des Autos).

Abreise

Seit 1927 kann man Sylt über den Hindenburgdamm per Bahn verlassen. Davor musste man ein Boot haben oder stundenlang auf die Ebbe warten, damit man zu Fuß wegkam – mit dem großen **Risiko**, auf dem Weg von der Flut eingeholt und am nächsten Tag bei *Gosch* in List als undefinierbare Frischeinlage in einem Krebsrahmsüppchen serviert zu werden. Und wer will schon nach List?!

ⓘ**Tags** ⇉ Beimer

Karlsruhe ›

Den schönen Künsten geweiht: das scheußliche Staatstheater

Daten

Bundesland	Baden-Württemberg
Bewohner	290 736
Bundesgerichte	2
Lokalgerichte	10*
Regentage / Jahr	268

* *www.karlsruhe.de/Rezepte*

Lage

Karlsruhe ist eine fächerförmige Ansammlung von Gebäuden vor dem Karlsruher Schloss.

Dialekt / Volkstümliches

Merke: In Unterhaltungen ist ab und zu ein »her« einzuflechten. Das heißt so viel wie »He!«, passt aber immer. Es gibt prinzipiell keinen Genitiv (»dem sei ...«). Verben werden nicht dekliniert, sondern mit dem Hilfsverb »tun« versehen. A wird zu O: »Schbrooch« statt »Sprache«.

»Funktionieren« wird zu »Gehen«, »Gehen« zu »Laufen«, »Laufen« zu »Dabben«. »Manchmal« wird zu »als«, »als« wird zu »wie«.

Den Bereich von den Zehen bis zur Hüfte bezeichnet man als »Fiees« (Füße). »Halbdackel« ist als Schimpfwort schlimmer als »Dackel«. Das Verb »anrufen« bekommt den Dativ: »Er hat mir a'grufe.« Und Karlsruhe heißt Kàllsruh.

Den **Rest** lernt man in zehn, fünfzehn Jahren problemlos.

Berühmte Bürger

Das **Bambi**. Wurde 1948 als weißes Steingut-Rehlein zum ersten Mal vergeben, und zwar in Karlsruhe, an **Marika Rökk**. Die Moderatorenwitze dieser ersten Bambi-Gala werden seither jährlich live im Fernsehen wiederholt.

Fußball

Oliver Bierhoff und **Oliver Kahn** wurden in Karlsruhe geboren. Bekannt wurden sie jeweils mit einem einzigen Tor: dem weltersten *Golden Goal* im EM-Finale 1996 und dem 1:0 für Brasilien im WM-Finale 2002.
Der **FC Phönix Karlsruhe** und der **Karlsruher FV** wurden je einmal Deutscher Meister, das war 1909 und 1910. So erfolgreich war der Karlsruher **SC** nie.

Bekannt durch …

… Deutschlands erste E-Mail, die an der Uni Karlsruhe 1984 empfangen wurde. Sie hatte den Betreff »Wilkommen in CSNET« (ja, nur ein L!) und kam aus Amerika. Was die Leute von der Uni als Antwort abschickten, ist unbekannt, wahrscheinlich »LOL«. (Die zweite Mail, am nächsten Tag, kam dann aus Nigeria. Darin ging es um Kontodaten und eine rätselhafte Erbschaft von fünf Millionen Mark.)

Heiratsmarkt

Keine Ahnung. Aber ich kann mir den Hinweis nicht verkneifen, dass in K. die Deutschlandzentrale der Pharmafirma **Pfizer** ist – des Erfinders von *Viagra*.

Gut zu wissen

Das Karlsruher Stadtwappen besteht in erster Linie aus dem Schriftzug *Fidelitas* (lat. »Treue«), gesponsert von einem lokalen Immobilienmakler. Demnächst wird ein neuer Sponsor übernehmen, im Wappen steht dann wohl »dm Drogeriemarkt«.

Abreise

So wie Karl Freiherr von Drais 1817: Der wollte so dringend von Karlsruhe weg, dass er eigens dafür das **Fahrrad** erfand. Na ja, streng genommen war es ein Laufrad. Die erste Überlandtour führte jedenfalls von Karlsruhe nach Kehl.

Restaurant Mykonos in Karlsruhe

ⓘ **Tags** ⇉ AKW, CBL, Mord

Kassel ›

Daten

Bundesland	Hessen
Bewohner	192 241
Davon Österreicher	327
Autobahnen	3
Bundesstraßen	5
Regentage / Jahr	160

Lage

Kassel liegt zwischen 7000 Eichen, die der Künstler Joseph Beuys in den 1980er-Jahren pflanzte. Die gute Idee, die Stadt komplett von Vegetation überwuchern zu lassen, blieb leider im Ansatz stecken: Jetzt überwuchert die Stadt wieder die Bäume.

Geschichte

Nach dem Zweiten Weltkrieg bewarb sich Kassel als neue **Hauptstadt** der Bundesrepublik. Da die meisten Häuser aber zerbombt waren, hätten Adenauers Jungs in Zelten tagen müssen. Bonn war bequemer – und hatte einflussreiche Fürsprecher mit **bestechenden** Argumenten …

Was alle anschauen wollen (aber nicht zu sehen kriegen)

Die **Waschbären**. Nachdem es mit der Bundeshauptstadt nichts wurde, ist Kassel heute immerhin Waschbärenhauptstadt. Nirgends sonst werden nachts so viele Dachböden vollgekackt, Mülleimer geplündert und Blumenbeete zerwühlt. (Außer vielleicht in Berlin, aber da sind es nicht die Waschbären!)

Berühmte Bürger

Ein bärtiger, splitterfasernackter Mann mit einer Riesenkeule steht auf der Wilhelmshöhe oberhalb der Stadt: der **Herkules**. Streng genommen ist er natürlich kein Kasselaner, sondern Grieche, aber nach 300 Jahren Standzeit sind wir mal nicht so.

Termine

Alle fünf Jahre hat Kassel **Kunst**: Die **documenta** verteilt Kunstwerke übers Stadtgebiet. Die Einwohner lassen das Spektakel über sich ergehen und am Ende bleibt immer ein bisschen Kunst übrig, die keiner mehr abholt.

Gut zu wissen

Das Kassler (gepökeltes Schweinefleisch) ist eigentlich ein Berliner. Es wurde nämlich in Berlin erfunden (so wie der Hamburger ja ein Amerikaner ist).

Abreise

Der Himmelsstürmer kommt nicht vom Fleck, der Herkules ruht sich aus. Ziemlich frustrierend.

Der Mann stürmt seit 1992 gen Himmel und ist doch immer nur in Kassel.

Kiel ›

Leider wurde das Schild der Schilderfirma geklaut! – ein echter Schildbürgerstreich.

Daten

Bundesland	Schleswig-Holstein
Bewohner	237 579
Höchste Erhebung	Der Stoltenberg
Tiefpunkt	Das Barschel
Regentage / Jahr	166

Lage

Ganz oben.

Geschichte

Der Kieler **Matrosenaufstand** von 1918 wird allgemein sehr gelobt. Die Besatzungen mehrerer Kriegsschiffe meuterten, weil sie keine Lust hatten, sich in aussichtslose Kämpfe schicken zu lassen.

Noch mehr Hochachtung hätten Matrosen verdient, die sich weigern, in **aussichtsreiche** Kämpfe zu ziehen, aber sag das mal laut in der Nähe der Schweriner Str. 17a, 24106 Kiel (Marinestützpunkt).

Fußball

Fehlanzeige. Hier wird Handball gespielt. Die Mannschaften bei dieser Sportart bestehen aus sieben Leuten, der Ball ist klein und hart – und Jubel auf den Rängen erzielt, wer den Torwart **ins Gesicht** trifft.

Der THW Kiel ist deutscher Rekordmeister.

Bekannt durch …

… die **Kieler Sprotte**, einen kleinen Speisefisch, dessen Hauptfeind, der Dorsch, zur Zeit von unseren fleißigen Fischfangflotten **ausgerottet** wird. Der Sprotte geht's also gut. Außer natürlich, man fängt und räuchert sie. Das Ergebnis fasst man mit zwei Händen, entfernt den Kopf und zieht den Schwanz samt Gräten raus. Was übrig bleibt, isst man.

Termine

Die **Kieler Woche** ist eine der raren Möglichkeiten, mit einem Boot im **Stau** zu stehen. 70 % unseres Planeten sind von Wasser bedeckt, aber jedes Jahr im Juni sammeln sich Hunderte Boote ausgerechnet im Meer vor Kiel.

Gut zu wissen

Kiel hat ein »Stinkviertel«. Da wohnen Leute, das ist ein richtiges Stadtviertel! Ich meine … hallo?!

Abreise

Kiel wurde vor knapp 800 Jahren als Hafen gegründet. Hafen ist immer gut.

ⓘ **Tags** ⇉ Flanier, Topp

Koblenz ›

Der Fassadenarchitekt wurde zuletzt an einer Bushaltestelle in der Nähe des Tatorts beobachtet.

Daten

Bundesland	Rheinland-Pfalz
Autokennzeichen	KO (nach 7 Runden)
Status	»Mekka der Gitarre«
Bewohner	106 293
Regentage / Jahr	155

Lage

Am Zusammenfluss von Mosel und Rhein und damit im Sehnsuchtspunkt deutscher Keglerinnenausflugsgemütlichkeit.

Geschichte

Neandertaler, Römer, Franken, Erzbischöfe, Franzosen, Preußen, Nazis, wieder Franzosen, Rheinland-Pfalz.

Berühmte Bürger

Karl **Baedeker** war ein Koblenzer Buchhändler. 1835 erfand er den Vater aller Abreiseführer: Die »Rheinreise von Mainz bis Cöln – Handbuch für Schnellreisende« war das erste Buch übers Abreisen mit genauen Fakten statt nur selbstgefälliger **Abenteuerprosa**.

Der Baedeker-Stil wird seither millionenfach kopiert. Nur hier bleibt alles traditionell: selbstgefällige Abenteurerprosa von Martin Nusch.

Schnellreisende brauchen viele Flaggen.

Pferdearsch mit Kaiser

Was alle anschauen

Kaiser Wilhelm auf seinem Pferd. »Was: Pferd! auf einem Roß, was: Roß! auf einem riesigen Gefechtshengst wie aus einer Wagneroper, hoihotoho!«, schrieb **Tucholsky** 1930 beim Anblick des Standbilds am Deutschen Eck. »Wenn ich mich recht erinnere, wallt irgend eine Frauensperson an ihm herum und beut ihm etwas dar.«
1945 ging der Wilhelm kaputt, seit 1993 steht er wieder da, samt Servierfräulein, 40 Tonnen schwer, als Schenkung eines Unternehmers. Hoihotoho (►Bayreuth).

Gut zu wissen

Ein *Schängel* ist nicht das, was Sie jetzt denken, sondern die Bezeichnung für einen in Koblenz Geborenen. Es kommt von *Jean*, der französischen Form von Hans. So nannte man die Kinder deutscher Mütter mit französischen Vätern (die ihren **Schängel** nicht immer unter Kontrolle hatten).

Abreise

Mit dem Schiff. Am schnellsten geht es mit der Strömung, also rheinabwärts. 2010–2013 locken alternativ die Container der Rheinseilbahn (Abfahrt Kastorkirche). Dann ist man auf der Festung Ehrenbreitstein. Na ja.

Köln ›

Fernsehturm Colonius (Detail)

☛ Daten

Bundesland	Nordrhein-Westfalen
Bewohner	1 004 000 (haarscharf drüber. Voll stolz)
Davon Singles	25 %
Illegal bis 1787	Protestanten
Regentage / Jahr	206

Lage

Beidseits des Flusses Rhein. Interessanterweise ist dieser Umstand den meisten Einheimischen unbekannt. Sie nutzen die angebotenen Brücken nicht und bleiben jeweils auf ihrer Seite.
Links des Flusses steht der Dom, rechts findet sich eine nette Bierwirtschaft (»Lommerzheim«).

Dialekt und Volkstümliches

»Kölsch« heißen sowohl ein **bierähnliches Getränk** als auch der örtliche Dialekt. Nach der Faustregel »Je mehr Kölsch, desto mehr Kölsch« können sich Besucher der Stadt ausrechnen, ab wann sie ihre Gastgeber nicht mehr verstehen werden. Am Ende des Abends legt man seinen Bierdeckel auf das Glas, versucht die Striche zu zählen, die der (»Köbes« genannte) Kellner daraufgekrakelt hat, und übergibt dem Wirt sein Portemonnaie.

Oper (links) und 4711-Haus: Was die eine fürs Auge, ist das andere für die Nase. Vom Ohr ganz zu schweigen.

Geschichte

Bevor die Kölner Kölner waren, waren sie Römer. Dieses Erbe der Geschichte schleppen sie bis heute mit: Wenn man irgendwo in der Stadt ein Loch gräbt, stößt man nach ein paar Metern auf römische Fundamente. Hätten die Römer bereits U-Bahnen und Tiefgaragen gehabt, ließe sich heute manches Bauvorhaben schneller realisieren.

Der Versuch der Bauarbeiter, sich durch die Zerstörung des Stadtarchivs im März 2009 von dieser Geschichte zu befreien, war vollkommen naiv.

Berühmte Bürger

Willy Millowitsch (»Die Heidi Kabel Kölns«) hieß der bekannteste Volksschauspieler der Stadt, dessen Theater in der Aachener Straße von Kulturinteressierten auch heute noch gemieden werden kann.

Heinrich Böll ↓ und **Lukas Podolski** ↓ ringen um Platz 2.

Fußball

Der FC Köln bereitet seinen Anhängern etwa alle zwei Jahre **große Freude**, wenn er in die 1. Bundesliga aufsteigt. In den Jahren dazwischen ist die Stimmung nicht so gut.

Was alle anschauen

Die Vorhängeschlösser an der Rheinbrücke hinter dem Dom. Brautpaare hängen ein Schloss dorthin, um zu symbolisieren, dass sie gut im **Klammern** sind. Für immer und ewig! Ein gutes Vorhängeschloss hat übrigens zwei Jahre Garantie.

Bekannt durch ...

... den Klüngel. »Mer kennt sisch un mer hilft sisch«, erklärte OB Konrad Adenauer in den 20ern das Korruptionssystem in der Stadt. Die Einwohner tolerieren das, weil sie bis heute **nicht gemerkt** haben, dass die Profiteure immer dieselben paar Politiker, Bank- und Bau-Unternehmer sind – und alle anderen nur draufzahlen.

Heiratsmarkt I

Frage an Kölner Paare: »Wann haben Sie sich kennengelernt?«

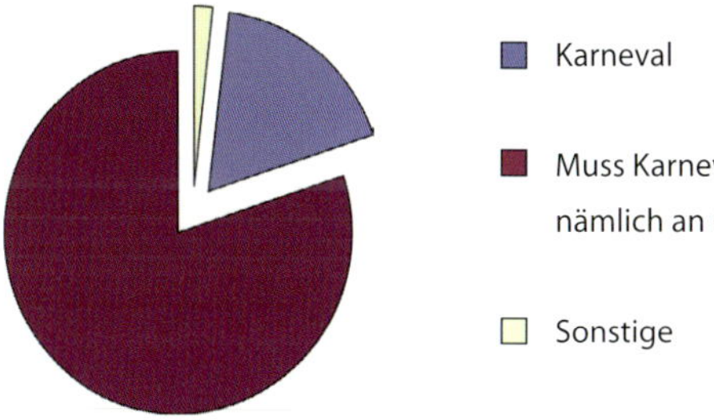

Termine

Wer es sich gesundheitlich, intellektuell oder beziehungsbedingt nicht leisten kann, fünfeinhalb Tage dauerbesoffen herumzulaufen, meidet Köln in der Karnevalswoche (s. auch »Heiratsmarkt«)!

Gut zu wissen

Die Gelbphase an Kölner **Ampeln** ist eine Sekunde länger als in allen anderen deutschen Städten. Wer ein neues Heck braucht, hält darum in Köln bei Gelb. Es kracht garantiert ein Einheimischer rein.

Abreise

Schnelle Zugverbindungen Richtung Frankfurt, Paris und London. Vorbildlich!

Krefeld ›

Der Unsichtbare Bismarck (auf seinem unsichtbaren Pferd und mit seinem geliebten unsichtbaren Hund)

Daten

Bundesland	Nordrhein-Westfalen
Autokennzeichen	KR, KR
Auszeichnung	KR-awattenmann des Jahres*
Bewohner	236 333
Falschbetonung	Oft. Forst*wald*, Nord*wald*, Stadt*bahn*hof
ICE-Verbindungen	0
IC-Verbindungen	0
IR-Verbindungen	0
Regentage / Jahr	236

* *u. a. Westerwelle, Kerner, Wickert, Wulff, Maske*

Lage

Düsseldorf sagt Ihnen was? Nein? Duisburg? Auch nicht? Strümp und Bösinghoven? Ja? Da ist Krefeld direkt nebenan.

Dialekt / Volkstümliches

Als *Krefelder* bezeichnet man ein Mixgetränk aus **Altbier** und Malzbier. In manchen Gegenden ist es auch Altbier mit Cola. Den Unterschied schmeckt man wahrscheinlich, aber wer sowas bestellt, dem ist ja scheint's eh alles egal.

Was alle anschauen

Na ja, jedenfalls alle, die vor einem NRW-Polizeibeamten stehen: eine teflonbeschichtete Polyester-Krawatte aus Krefeld. Von hier kommen alle **Bullenschlipse** im Land.

✕✕ Unbedingt meiden

Krefelder Kissen. Die liegen überall in Deutschland rum und bremsen Autos. So nennt man nämlich die Schwellen, die für viel Geld in die Tempo-30-Zonen gebaut werden (nachdem kurz zuvor für viel Geld an denselben Stellen die Schlaglöcher entfernt worden waren).

Geschichte

Krefeld war der Schauplatz des irrsten Europapokalspiels aller Zeiten. Bayer Uerdingen schlug Dynamo Dresden 1986 nach 0:2 im Hinspiel und 1:3 Pausenrückstand noch mit 7:3. Das missfiel der Stasi fast so sehr wie die nächtliche Flucht des Dresdner Spielers Frank Lippmann aus dem Mannschaftshotel. Auch er verließ – Westen hin oder her – Krefeld allerdings auf schnellstem Wege.

Heiratsmarkt

In Krefeld gibt es **Schwanzwedler**. Was das ist, wollen Sie gar nicht wissen.

Gut zu wissen

Das Krefelder Stadtwappen zeigt den heiligen Dyonisius, der seinen abgeschlagenen Kopf in der Hand trägt. Es dürfte damit das am meisten gewaltverherrlichende Hoheitszeichen Deutschlands sein.

Abreise

Schwierig! In Krefeld Hbf hält kein ICE. Aber wenn man sich bis zum **Ausbesserungswerk** Oppum durchschlagen kann, hat man's geschafft. Hier werden alle ICEs repariert. Und nur nicht aufgeben.

»Kriegen Sie das wieder hin, Herr Doktor?«

Leipzig ›

Der Erfolg von 1989: Freiheit und Fingerfarben für alle

Daten

Bundesland	Sachsen
Bewohner	515 469
Einsamkeitsfaktor	1,54 (Einwohner je Wohnung)
Geburten	4410
Davon ehelich	36,4 %
Regentage / Jahr	189

Lage

Während Dresden das *Elbflorenz* ist, nennt man Leipzig das *Elsterparis:* Es liegt an der Weißen Elster – und genau wie in Paris kann hier auch keiner Englisch.

Dialekt / Volkstümliches

Der Leipziger kommt, wie die meisten Sachsen, ohne die Buchstaben K, P und T aus und geht recht frei mit den Vokalen um. Dass davon ausgerechnet die Worte »Gommenismus« und »Bordei« so stark betroffen sind, ist eine hübsche Ironie der Geschichte.

Berühmte Bürger

Dr. Moritz **Schreber** erfand zwar nicht den Kleingarten, stellte aber seinen Nachnamen für die Benennung zur Verfügung. Der Leipziger Arzt hatte mit Blumen und Radieschen nicht viel am Hut: Sein Lebensziel war es, dass junge Menschen geradesitzen und die Hände **über der Bettdecke** halten. Dazu aber erschien Gartenarbeit genau richtig: Jeden Samstag dem Babba die Tomaten hochbinden helfen und anschließend von der Mamma kalt abgeduscht werden … Ein echter Kinderfreund, der Mann.

Fußball

Der Deutsche Fußballbund wurde im Januar 1900 in der Gaststätte Mariengarten gegründet. In der Kneipe sitzen, das könnense! Auf dem Platz sieht man von den Leipziger Fußballern seit dem Ende der DDR nicht mehr viel.

ⓘ**Tags** ⇉ Bahnhof, Löwe, Mord, Topp

✕ Unbedingt verpassen

Die **Leipziger Allerlei** genannte Pampe, die schon Generationen von Müttern ihren Kindern vorsetzten und die aus verkochten Gemüsen aller Art besteht. Der Sage nach war das Gericht ursprünglich sehr wohlschmeckend und enthielt feines Krebsfleisch. Tempi passati!

Eine weitere Spezialität der Stadt ist das **Gaffeedringgn**. Um Kaffeebohnen zu sparen, wird dabei allerdings eine so dünne Plörre in die Tassen gegeben, dass Touristen immer wieder denken, es handle sich dabei einfach um warmes Wasser. Die Bezeichnung für dieses rätselhafte Getränk ist »Bliemchngaffee«.

Was alle anschauen

»Männer in Jogginganzügen stehen in der Mitte des Bürgersteigs und sehen Autos hinterher.« (Maxim Biller über Leipziger)

Bekannt durch …

… die Montagsdemonstrationen. Im Herbst 1989 versammelte sich jeweils montags eine stetig wachsende Zahl von Menschen in Leipzig, die unter »Wir sind das Volk«-Rufen für **Reisefreiheit** und bessere Gebrauchtwagen demonstrierten. Das weitsichtige und dem Wohlergehen des Deutschen Demokratischen Volks sowie den Beschlüssen des XI. Parteitags der SED verpflichtete Zentralkomitee öffnete daraufhin die Grenze zum Nichtsozialistischen Wirtschaftsgebiet.
In den folgenden Monaten wurde das Land von einer Flut schwäbischer Gebrauchtwagenhändler heimgesucht, die völlig überteuerte Fords und Volkswagen in jämmerlichem Zustand an die DDR-Bürger verkauften. Da sich die meisten der Rostlauben nach wenigen Kilometern als nicht mehr fahrtüchtig entpuppten, war's mit der Reisefreiheit dann auch nich so dolle.

Schnell zu besichtigen

Das andere Leipzig, ein Bauernflecken in Kanada: Leipzig, Saskatchewan. Besteht aus nicht mehr als einem Haus, vier Schuppen und einigen Ballen Heu, da ist man fix durch.

Heiratsmarkt

Jedes Jahr findet die früher größte Computerspiele-Messe Deutschlands in Leipzig statt. Jede Menge knackige, aufmerksame, höfliche Jungs mit durchtrainierten **Traumkörpern** im heiratsfähigen Alter!

Gut zu wissen

Sehr alte Autos mit Kennzeichen L und nur drei Zahlen (statt vier) kommen nicht aus Leipzig, sondern aus dem Lahn-Dill-Kreis! Ein 70er-Jahre-Bürokratenspaß. Sicherheitsabstand ist aber auch bei denen empfehlenswert.

Früher waren alle Autos grau.

Abreise

Einer der größten (Kopf-)Bahnhöfe Europas und weniger als acht ICE-Stunden bis ins richtige Paris … worauf warten Sie noch?

Bahnhof und Promenaden – gute Mischung

Schon lange bekannt als Fluchtmöglichkeit ist die Kreuzung der Via Regia und der Via Imperii, an der Leipzig liegt.

Leverkusen ›

Das berühmte Bayerkreuz →→→→→↑

Daten

Bundesland	Nordrhein-Westfalen
Bewohner	161 322
Nächster ICE Bahnhof	Köln (15 km)
Leverkusen ICE Festival	im Dezember
ICE »Leverkusen«	Hält nicht in Leverkusen
Regentage / Jahr	216

Lage

Leverkusen ist eine Ansammlung von Werkswohnungen an der Kreuzung von A1 und A3.

Geschichte

Carl Leverkus machte Blau. Ultramarinblau, um genau zu sein. Und zwar so viel davon, dass seine Farbfabrik in Wermelskirchen aus allen Nähten platzte. Also zog das Werk 1860 an den Rhein, nach Wiesdorf. Vorher war dort alles **grün** gewesen, durch die Blaufabrik wurde es dann eher grau. Um die Schuldfrage ein für allemal zu klären, wurde 1930 kurzerhand das ganze Gelände umbenannt in »Leverkusen«.

Fußball

Egal ob Bundesliga, Pokal oder Champions League: Bayer Leverkusen gewinnt immer – fast. Die Werksmannschaft wird höchstens Zweiter.

Noch unterhaltsamer waren jahrelang Management und Trainer: **Rainer Calmund**, dickster Fußballmanager des Landes, tingelte durch die Talkshows und machte sich dort zum Deppen, **Christoph Daum** ließ sich durch eine freiwillige Haarprobe als Kokskonsument überführen (»Ich tue das, weil ich ein absolut reines Gewissen habe«).

Unbedingt verpassen

Weihnachten in Leverkusen. Es gibt hier keinen Schnee! Und im Nieselregen an einem Leverkusener Glühweinstand zu stehen ist so ungefähr das Deprimierendste, was man im Jahr machen kann.

ⓘ**Tags** ⇉ Autos, Löwe

Schnell zu besichtigen

Das Bayerkreuz. Tagsüber sieht es aus wie ein hundert Meter hohes Spinnennetz, nachts wie eine beleuchtete Aspirinpackung. Top-Vorteil: Man kann es von der Autobahn aus sehen, muss also nicht in die Stadt fahren.

Abreise

Mit dem Kreuz im Rücken ist es eigentlich egal, wohin.

»Haben Sie Dostojewski?«

Lübeck ›

Holstentor in Lübeck

Daten

Bundesland	Schleswig-Holstein
Bewohner	210 892
Kulinarisches	Lübecker National, Plettenpudding und Rotspon
Wichtigste Gasse	In Gdansk*
Regentage / Jahr	228

* *Die Außenszenen der »Buddenbrooks«-Verfilmung aus den 70ern wurden überwiegend in Polen gedreht.*

Lage

Bis 1989 kurz vor der Ostzone, jetzt nur noch kurz vor der Ostsee.

Berühmte Bürger

Günter Grass. In der »Rangliste der 500 führenden Intellektuellen« der Zeitschrift *Cicero* kam er 2007 auf Platz 3, hinter Papst Ratzinger und Martin Walser. Im Jahr zuvor hatte es noch für den ersten Platz gereicht. Ratzinger und Walser, die alten Rechtsüberholer, müssen irgendwie **an ihm vorbeigedacht** haben.
Viktor Mann (1890–1949). Führte in seiner Jugend eine Volkszählung durch und kam 1948 zum Ergebnis: »Wir waren fünf.«

Bekannt durch …

… die **Buddenbrooks**. **Thomas Mann** verwurstete mit dieser erfundenen Lübecker Familie seine Jugenderlebnisse in der Stadt. Über 750 Seiten lang, zum Lesen eine gefühlte Unendlichkeit – so ist eine Jugend in Lübeck wohl.

Gut zu wissen

Lübeck ist keine reiche Stadt. Die Straßen sind in so schlechtem Zustand, dass im Frühjahr 2010 vierzehntausend **Schlaglöcher** gezählt wurden. Eine Straße musste deshalb sogar komplett gesperrt werden.
Aber sie tun was: Die Klappbrücke über die Trave ist neulich fertig geworden – die ersten Pläne wurden 1906 gezeichnet.

ⓘ **Tags** ⇉ Mord

Und es gibt Deutschlands wohl teuerstes Klo zu bewundern: ein hochwasserfestes, selbstreinigendes Toilettenhäuschen mit Kiosk für eine Viertelmillion Euro. Also bitte!

Abreise

Größter deutscher Ostseehafen! Interessante Reiseziele wie Malmö oder Riga.

Die orange-weißen Plastikhütchen sind zwar nicht aus Marzipan, aber trotzdem eine Lübecker Erfindung. Hergestellt werden sie übrigens in Frankreich.

Ludwigshafen ➤

Täglicher Anblick für die Mannheimer: BASF-Werk am Rhein

Daten

Bundesland	Rheinland-Pfalz
Autokennzeichen	LU
Am Kabel seit	1984 (Start von SAT 1)
Am längsten draußen	Rheingönheim (831–1938)
Bewohner	163 467
Regentage / Jahr	133

Lage

Gegenüber von ▸ Mannheim, am Rhein.

Geschichte

Am Anfang waren die **Mannheimer**. Und die Mannheimer waren allein. Damit das auch so bleiben möge, bauten sie auf der gegenüberliegenden Rheinseite eine Verteidigungsanlage, die Rheinschanze. Leider machten ihnen während der folgenden Jahrhunderte sämtliche Feinde, die vorbeikamen, ihre schöne Schanze immer wieder kaputt. Das Ding brachte ihnen wirklich nicht viel Glück, irgendwann hörten sie auf, es jedes Mal wieder zu reparieren.

Was an der Stelle besser funktionierte, war ein Hafen für die Flussschiffer. Es kamen ein paar Häuser dazu, vor 150 Jahren wurde das Ding dann Ludwigshafen genannt und die Mannheimer hatten endgültig nix mehr zu melden. Sie rächten sich aber für den Stress der letzten Jahrhunderte auf perfide Weise: Als ein gewisser Friedrich Engelhorn 1865 mit der Bitte ankam, er wolle gern eine nach Veilchen duftende Chemiefabrik bauen, da schickten sie ihn rüber nach Ludwigshafen. Engelhorn stellte Farbstoffe her. Seine Firma nannte er BASF.

(Übrigens müsste die Firma eigentlich PASF heißen, denn die »Badische Anilin- und Soda-Fabrik« stand von Anfang an in der Pfalz. In Mannheim wäre sie tatsächlich badisch gewesen.)

Schon 1900 war die BASF die größte chemische Fabrik der Welt. Die Gegend duftete inzwischen nach allem anderen als Veilchen, wurde aber schön **bunt**. 1974, also bald nach Produktionsbeginn, ging die erste Kläranlage in Betrieb und der

ⓘ**Tags** ⇉ AKW, CBL, Bahnhof, Kohl, Weg

vorher in den hübschesten Farben schillernde Rhein wurde wieder langweilig-grau.

»Wenn die DDR den Krieg gewonnen hätte, sähe ganz Deutschland jetzt so aus«, fröstelte die *taz* 2006.

Im Zweiten Weltkrieg wurden die allermeisten Gebäude dem Erdboden gleichgemacht. Danach bauten die Ludwigshafener ihre Stadt aus Beton wieder auf.

Gut zu wissen

Die Kuenstler-Initiative **Buero für angewandten Realismus**, wie SAT 1 gegründet 1984 in L., besteht auf dem Auseinanderschreiben von Umlauten. Beim Wort »für« kehrt aber bereits Realismus ein.

Berühmte Bürger

Der Stadtteil Oggersheim wurde durch das Ehepaar Hannelore und **Helmut Kohl** bekannt. Wenn der Ewige Kanzler nicht im Kanzlerbungalow in Bonn oder am Wolfgangsee weilte, traf man ihn hier. Zum Weiterlesen empfehlen wir die *Spiegel*-Jahrgänge 1982 bis 1998.

Abreise

Schwierig: Der Hauptbahnhof wurde 1969 als »modernster Deutschlands« eröffnet. Er liegt deshalb außerhalb des Stadtzentrums und bietet **endlose Fußwege**, aber kaum Zugverbindungen. Die Bewohner benutzen vor allem den zweiten Bahnhof, »Ludwigshafen Mitte«. Von dort aus gelangt man problemlos nach … na ja: Mannheim.

Nach dem Prinzip Hoffnung kann man auch versuchen, über die **Endlose Treppe** zu entkommen, die die Stadt ihrem großen Sohn Ernst Bloch als Denkmal errichtete.

Viel Architektur, wenig Bahn: Hauptbahnhof Ludwigshafen

Magdeburg

Daten

Bundesland	Sachsen-Anhalt
Bevölkerungsentwicklung:	
1400	30 000
1639	450
1940	346 600
2008	230 000
Einkaufsfläche je Einw.	2,5 m² (Bundesschnitt: 1,5)
Regentage / Jahr	202

Lage

An der Elbe. Da, wo das Flachland am flachsten ist.

Geschichte

Der Dreißigjährige Krieg fand 1631 in Magdeburg seinen schaurigen Höhepunkt. Zwanzigtausend Menschen starben, die Stadt wurde völlig zerstört. »Magdeburgisieren« nannte man solche Vernichtungsschlachten danach.

Was wieder aufgebaut wurde, ging im Zweiten Weltkrieg in Trümmer. Um den heutigen trostlosen Zustand herzustellen, brauchte es aber noch feinsinnige **DDR-Architekten** und ihre Genossen an den Abrissbirnen.

ⓘ**Tags** ⇉ CBL, Mord

Berühmte Bürger

Täve Schur war »der größte DDR-Sportler aller Zeiten«. Falls Sie ihn nicht kennen: Der Mann fuhr **Rennrad**. Von Heyrothsberge aus, direkt neben Magdeburg, schaffte er es bis in die Himmelsregion zwischen Mars und Jupiter (die Volkssternwarte Drebach benannte einen Planetoiden nach ihm).

Fußball

Einmal, ein einziges Mal, war Erich Honecker **zufrieden**. Das war 1974: **Jürgen Sparwasser** (vom 1. FC Magdeburg) schoss in Hamburg das Tor zum 1:0 im Länderspiel gegen die BRD.
Weniger glücklich dürfte der Genosse Generalsekretär gewesen sein, als sein Vorzeigefußballer 1988 nicht zurückkam von einem Auswärtsspiel in Saarbrücken.

Unbedingt verpassen

Die Teeniepopgruppe *Magdeburg Hotel* kommt aus Tokio. Nein, äh, die Hotelgruppe *Magdeburg Pop* kommt aus … Ach, ist ja auch egal!

Bekannt durch …

… die Magdeburger Halbkugeln. Zwei Schalen aus Metall und eine selbstkonstruierte Luftpumpe benötigte **Otto von Guericke** im 17. Jahrhundert, um zu zeigen, dass es Luftdruck gibt. Für seine Zeitgenossen war das eher langweilig. Nicht mal mit der Luftpumpe konnten sie was anfangen, da das Fahrrad erst 200 Jahre später erfunden wurde.

Abreise

Aber richtig! In den kommenden 15 Jahren rechnet man mit einem Einwohnerschwund von 7 %. Einige Zigtausend sind seit der Wende eh schon weg. Nur das Umland toppt diese Zahlen noch. Da wohnt wohl bald **gar niemand** mehr.

Mainz ›

Das Stadtwappen illustriert das städtische Motto »Radfahren in der Fußgängerzone«.

Daten

Bundesland	Rheinland-Pfalz
Bewohner	197 623
Tägliche Züge	104
Jährliche Züge	1 (Rosenmontag)
Regentage / Jahr	160

Lage

Die Mainzer werden manchmal für ihr »südländisches Temperament« gelobt. Dazu nur soviel: Vancouver (Kanada) liegt südlicher.

Geschichte

Nach dem Zweiten Weltkrieg gingen den Mainzern mehrere **Stadtteile** verloren: Amöneburg, Kastel und Kostheim überquerten den Rhein und gehörten fortan zu Wiesbaden, der »zutiefst verhassten, schnöseligen und nichtsnutzigen Beamtenstadt« (Harald Martenstein) von gegenüber. Die Mainzer sind darüber bis heute sauer, aber Stadtteile verlieren ist auch wirklich höhere Schlamperei!

An lauen Sommerabenden versammelt sich die Mainzer Jugend am Ufer und tötet Wiesbaden mit Blicken.

ⓘ**Tags** ⇉ 5, AKW, CBL, Topp

Berühmte Bürger

Johannes Gensfleisch, genannt **Gutenberg**, erfand um 1450 in Mainz, nur **wenige Jahrhunderte** nach den Chinesen, den Buchdruck. Der gebürtige Mainzer **Paul Haenlein** steuerte 1872 das erste Luftschiff mit einem Gasmotor. Er erreichte dabei fast 20 Stundenkilometer. Wäre Haenlein nicht das Geld ausgegangen, würden wir heute nicht immer *Zepellin* falsch schreiben, sondern *Hähnlein*.

Wieso so eine hässliche Brücke? Ach so, drum.

Fußball

Schießt der FSV Mainz ein Tor, gehen im Stadion die ersten Takte des *Narhallamarschs* über die Lautsprecher. In guten Jahren zermürbt diese Aussicht die Gegner bereits im Vorhinein.

Was alle anschauen

Das ZDF. Jedenfalls alle über achtzig. Produziert wird die **Rheumadecke** unter den deutschen Fernsehsendern im Sendezentrum in Mainz-Lerchenberg, einer Wiese oberhalb der Innenstadt.

Bekannt durch …

… die Meenzer **Fassenacht**, einen alljährlich gerne genommenen Abreisegrund. Der geistreiche, schnelle und manchmal boshafte Fassenachtshumor wird bundesweit und ganzjährig von den **Mainzelmännchen** transportiert.

Termine

Der *Mainzer Abendstern* ist ein Spektakel, das allnächtlich stattfindet, wenn die Nachtbusse zu bestimmten Zeiten alle gleichzeitig am Hauptbahnhof starten, um müde Zecher ins Umland zurückzuspedieren.

Dagobert führt ins Wasser.

Gut zu wissen

Die Schilder der Straßen »weg vom Rhein« sind rot, die parallel zum Fluss sind blau. Folgt man also stur einer roten Straße, schafft man es entweder zur Autobahn oder ins **Wasser**.

Abreise

Mainz liegt genau auf dem 50. Breitengrad. Folgt man diesem nach Osten, kommt man in die ukrainische Stadt **Charkiw**, im Westen lockt der nicht minder gastliche Nordzipfel **Neufundlands**.

ⓘ**Tags** ⇉ 5, AKW, CBL, Topp

Mannheim ›

Mannheim von oben. Hier begann 2010 der Kachelmann-Prozess.

Daten

Bundesland	Baden-Württemberg
Autokennzeichen	**MA**-*MA!!!!!*
Speis & Trank	»Mannemer Dreck« und »Mannheimer Hafenwasser«
Bewohner	311 342
Fliesenmärkte	24
Kachelmänner	1
Regentage / Jahr	133

Lage

Gegenüber von ▸ Ludwigshafen, am Rhein.

Dialekt / Volkstümliches

In Mannheim sitzen sowohl die Dudenredaktion als auch das Institut für Deutsche Sprache – ausgerechnet! Denn Deutsch spricht in Mannheim **niemand**. Der Mannheimer Dialekt nennt sich *Mannemerisch*. Es ist ein sehr hartnäckiger Dialekt, den die wenigsten Auswanderer je ganz loswerden. Insofern hilft es nicht, Mannheim zu verlassen: Mannemerisch ist überall. Das lässt die Emotionen hochgehen: »Dieser Proletenartikel gehört sofort gelöscht!«, fordert auf der *Mannemerisch*-Wikipedia-Seite ein Leser. Der Mannemer an sich würde wohl antworten: »Hea! Was soll donn des?«

Berühmte Bürger

Bertha Benz, die Ehefrau des Autoerfinders Carl B., packte im August 1888 ihre beiden Söhne ins Auto und donnerte nach Pforzheim. Das waren über 100 Kilometer und damit hatte sie die **erste Fernfahrt** der Automobilgeschichte

hingelegt. Von Pforzheim wären es nur noch 900 Kilometer bis ans Mittelmeer gewesen, aber aus unbekannten Gründen brachte sie ihrem Carl das Auto zurück.

Fußball

Ziemlich schlappi. Eishockey läuft schon eher.

✕ Unbedingt verpassen

Die Sümpfe. Schiller bekam in Mannheim Malaria! Wir empfehlen deshalb allen Mannheim-Reisenden, stets ein Mückennetz mitzuführen, nur abgekochtes Wasser zu trinken und die Impfvorschriften zu beachten (Anruf beim Tropen-Institut!).

Bekannt durch …

… die Quadrate. Mannheim hat einen manhattanesken Stadtplan, weil der Kurfürst das um 1600 so entschied. Während in New York das nummerierte Straßennetz nach dem Schema »3. Avenue, Ecke 3. Straße« läuft, kombiniert man in Mannheim die Zahlen mit Buchstaben, wie beim Schach. Wer also eine Adresse in J3 sucht, sucht sich in Reihe J (im Norden der Stadt) die dritte Kreuzung von der Mitte.

Wohnen in i drei fünf acht: ein Traum!

Die **Einheimischen fragen** sollte man nicht, weil sie einen auslachen, wenn man nach J3 fragt. Sie sprechen es »i-drei« aus. »Jott« gibt es nicht. Ganz im Nordwesten liegt das K-Quadrat, ganz im Südosten logischerweise das L-Quadrat. Und weil die meisten Straßen außerdem von früher her noch normale Straßennamen haben, die aber heute quasi keiner mehr kennt, ist das System ungefähr so idiotensicher wie die Bedienungsanleitung eines chinesischen Billig-DVD-Recorders.

Schnell zu besichtigen

Das Spaghetti-Eis (schmilzt sonst). **Dario Fontanella** erfand es 1969 in Mannheim. Er drückte eine Ladung Vanilleeis durch eine gekühlte Spätzlepresse und goss Erdbeersauce drüber. Die wahrscheinlich wichtigste Mannheimer Erfindung.

Heiratsmarkt

Mozart verliebte sich hier in Aloysia Weber. Später heiratete er allerdings nicht sie, sondern ihre Schwester Constanze. Sollten Sie so was Ähnliches auch vorhaben, sagen Sie nicht, dass Sie die Idee **von mir** haben!

Gut zu wissen

»Eine Landung Außerirdischer auf dem Territorium der Bundesrepublik Deutschland hält die **Bundesregierung** nach heutigem wissenschaftlichen Kenntnisstand für ausgeschlossen«, erklärte das Wirtschaftsministerium in Berlin auf Anfrage eines Grünen-Abgeordneten im Juni 2009.
Falls aber **doch**: In Mannheim ist das CENAP angesiedelt, eine private Forschungsstelle zur Aufklärung von UFO-Sichtungen. Und 1929 erfand der Mannheimer **Julius Hatrys** das erste Raketenflugzeug der Welt.

Wo alle abhauen

Ein interessantes Experiment unternahm 2009 das »Café Landes« genannte städtische Gefängnis: einen Tag der offenen Tür.

Abreise

»Ma très chère Cousine! Bevor ich Ihnen schreibe, muß ich aufs Häusel gehen – ietzt ist's vorbey! ach! – nun ist mir wieder leichter ums Herz! (…) Was werden Sie wohl denken, daß ich noch in Mannheim bin, völlig drinn. Das macht, weil ich noch nicht abgereiset bin, nirgends hin! Doch ietzt glaub ich wird Mannheim bald abreisen.« *(Mozart ans Bäsle, 3. Dezember 1777)*
Es sollte noch ein Vierteljahr dauern, bis er wegkam.

Mönchengladbach ‹

Neidisch blicken die Mönchengladbacher nach Reutlingen. So einen Kaufhof hat nicht jeder.

Daten

Bundesland	Nordrhein-Westfalen
Bewohner	258 848
Kuschelfaktor	Hoch (2,15 Bewohner pro Wohnung; ▶ Leipzig)
Regentage / Jahr	187

Lage

In Roermond (NL) ist ein riesiges Klamotten-Outlet-Gelände. Wenn Sie von Düsseldorf aus dort hinfahren, sehen Sie linker Hand eine Ansammlung von Häusern. Das ist Mönchengladbach.

Geschichte

Vor einigen Hunderttausend Jahren muss hier ein munteres Treiben geherrscht haben. **Homo erectus** war da und auch die Neandertaler betrieben in Mönchengladbach-Rheindahlen eine ihrer angesagten Höhlenbars.
Inzwischen ist es etwas ruhiger geworden.

Fußball

Berti »Terrier« **Vogts** arbeitete von 1965 bis '79 für den VfL Borussia Mönchengladbach. Er schoss in dieser Zeit über dreißig Tore, obwohl er eigentlich nur für das Plattmachen gegnerischer Spieler zuständig war. Bekannt wurde er auch als **Philosoph**. Zentraler Lehrsatz: »Die Realität ist oft schlimmer als die Wirklichkeit.«

Abreise

Die Stadt hat, als einzige in Deutschland, zwei Hauptbahnhöfe: Mönchengladbach Hbf und Rheydt Hbf. Tragischerweise fährt aber nur ein einziger ICE von dort ab, sonntags. Der Rest sind Bummelzüge.

ⓘ**Tags** ⇉ 5, AKW, Autos, Weg

Moers ‹

Wildes Straßenleben in Moers. Sie setzen sich ins Freie, aber hinter Glas.

Daten

Bundesland	Nordrhein-Westfale
Autokennzeichen	WES (!)
Bewohner	106 645
Jazztage / Jahr	3
Regentage / Jahr	229

Lage

Am Niederrhein, der aufregenden Gegend zwischen Düsseldorf und Holland.

Dialekt / Volkstümliches

»Der Niederrheiner weiß nichts, kann aber alles erklären«, sagte **Hanns Dieter Hüsch**, der sich auskannte: Er war in Moers auf die Welt gekommen. Behalten Sie diese Erkenntnis Hüschs, des »Allerunausstehlichsten« (Eckhard Henscheid), im Kopf, falls Sie mal mit Moersern zu tun haben.

Geschichte

Odysseus gründete vor 3000 Jahren an der Stelle, wo heute Moers liegt, eine Siedlung. Das meldet der römische Autor Tacitus. Der Mann hat also Troja, Sirenen und Zyklopen bezwungen – und **alles**, was wir heute davon haben, ist Moers?!

Berühmte Bürger

Die **Moerser Granate**, eine der Hauptdarstellerinnen der Schlacht bei Verdun.

Was alle anschauen

Käpt'n Blaubär und Das Kleine **Arschloch**. Die verdanken wir allerdings nicht Moers (Stadt), sondern Moers (Walter). Und der ist aus Mönchengladbach.

Abreise

Einfach den Pfeilen folgen. **Irgendwelchen** halt!!!

Klassiker, angezogen: Die Herren Dr. Klöbner und Müller-Lüdenscheid

Mülheim an der Ruhr ›

Daten

Bundesland	Nordrhein-Westfalen
Bewohner	168 288
Ruhigster Ort	Büromuseum
Tiefster Punkt	Rosenblumendelle (= Zeche)
Zuwanderer 2009ff.	Monokelkobra und Schwarze Weberknechte (Riesenspinnen)
Abwanderer 2009ff.	Gisela, Martina, Uschi, Eva, Luise, Anna, Gaby, Susanne, Maria, Elvira, Petra, Bettina …
Regentage / Jahr	236

Lage

Im Ruhrgebiet. Aber hinten auf Mülheim ist ein Aufkleber: »Wenn ich groß bin, werd ich Düsseldorf!«

Dialekt / Volkstümliches

Eines Tages wachte Mülheim auf und alle anderen Städte drumrum hatten Bergwerke. »Ruhrgebiet« hießen die plötzlich. Mülheim an der Ruhr wunderte sich, machte aber, um dazuzugehören, ein bisschen mit. Weil es nicht sehr lustig war, hörte Mülheim mit der Stahl- und Kohleproduktion wieder auf (lange vor den anderen). Was Mülheim bis heute nicht kapiert hat: Warum nannten die sich ausgerechnet »Ruhrgebiet«?

Geschichte

Als im November 1938 in ganz Deutschland die Synagogen brannten, da hatten in Mülheim **echte Experten** das Feuer gelegt: Die Männer der örtlichen Feuerwehr waren hier die Brandstifter.

ⓘ**Tags** ⇉ Autos, Flanier, Löwe

Berühmte Bürger

Helge Schneider ist in Mülheim geboren und setzte seiner Heimatstadt in dem Lied »Katzenklo« ein Denkmal.

Heiratsmarkt

Höchste Abiquote und höchstes Durchschnittseinkommen der Städte in der weiteren Umgebung! Okay, das sagt nicht viel.

Abreise

Für **Billiglebensmittel** geht's von hier aus in die Welt: In Mülheim ist das Zentrallager von Aldi-Süd.

Die Mülheimer Pommes-Raffinerie (im Hintergrund)

München ›

Oft unterschätzt: Metropole München

Daten

Bundesland	Bayern
Mia san Mia	76 Mädchen wurden 2009 auf den Namen Mia getauft
Bewohner	1 326 807
Regentage 2009	189
Seehäfen	0
Ausreißer	9377 Münchener unter 14 Jahren verließen die Stadt 2009 auf Dauer.

Lage

Wo alte Männer in Anzügen von »Laptop und Lederhose« schwadronieren, da ist München.

Berühmte Bürger

Karl Valentin (mit F!) verbrachte fast sein ganzes Leben in München, weil er das Reisen nicht leiden konnte. Er starb, **vergessen** und mittellos, an einer Lungenentzündung, nachdem man ihn versehentlich über Nacht in einem ungeheizten Theater eingeschlossen hatte.
O-Ton: »Ich habe meine lieben Münchner kennengelernt. Alle anderen mit Ausnahme der Eskimos haben mehr Interesse an mir gehabt.«

Fußball

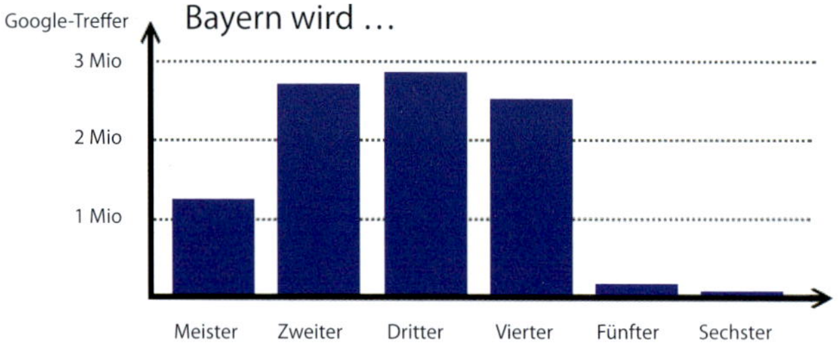

ⓘ **Tags** ⇉ AKW, Autos, CBL, Flanier, Kohl

Was alle anschauen

Thomas Gottschalk, »den Mann mit den Gummibärchen, ich habe seinen Namen vergessen« (Günter Grass). Er studierte in München. Seither hat er weder seine Frisur geändert noch irgendeinen seiner **Witze**.

Bekannt durch …

… das Oktoberfest, das jedes Jahr im **September** stattfindet. Es ist so ähnlich wie die anderen »Original Oktoberfeste«, die in Thailand oder Kanada stattfinden, nur eben mit Münchnern. Die setzen sich morgens ins Bierzelt, trinken den ganzen Tag, pullern untern Tisch und gehen dann heim. Am Wochenende ruhen sie sich aus, dann kommen die Touristen – und dann ist es wirklich genau wie in Thailand oder Kanada.

Kleines Oktoberfest-Glossar

Maß (gespr. »Masss«)	0,8 Liter Bier in einem Krug
Beckstein	Bayerischer Politiker, der erklärte: »Wenn man zwei Maß in sechs, sieben Stunden auf dem Oktoberfest trinkt, ist Autofahren noch möglich.«
»Gsuffa!«	Neben »Höllehöllehölle« einzige Mitsingzeile, die alle Bierzeltsitzer kennen
Krugdiebstahl	Hobby vieler Besucher, wird unwirsch geahndet, dennoch jährlich über 100 000 Mal versucht
Wiesn-Hendl	½ Hähnchen aus dem Drehgrill. Kann Spuren von Gewürzen enthalten!
Power Tower	Freifall-Turm, in dem man sich aus 70 Metern Höhe schlagartig nach unten befördern lässt. Gegenmittel bei zu viel Wiesn-Hendl und Bier
Hasen	Frauen
Dirndl	Obligatorische Hasenoberbekleidung, hilft Männern bei der Orientierung, die sich keine Gesichter mehr merken können
Pratzn	Hand, die bei einer Oktoberfest-Kellnerin auf der Hinterseite abgelegt wird, weil die das so mögen
»Schleich di!«	»Hau ab (sonst fangst a Boar)!«
»Jez hob i meine Schua obisld!«	Zeit, nach Hause zu gehen

Heiratsmarkt

Reiche Münchner haben STA für *Starnberger See* auf dem Kennzeichen. Hat der Porsche ein M-Nummernschild, handelt es sich wahrscheinlich um einen **Leihwagen**!

Der bayerische Mann im 21. Jahrhundert

Termine

Jeden Tag Schlag 12 müssen die Weißwürste gegessen sein. Das ist der wichtigste Termin in der Stadt. Diese Pflicht stammt aus einer Zeit, als es noch keine Kühlung gab und die frischen Würste nachmittags schon schlecht geworden waren. Und was ein rechter Münchner ist, der lässt sich seinen Tagesablauf nicht alle paar Hundert Jahre durcheinanderschmeißen, nur weil irgendein **Ausländer oder was** den Kühlschrank erfindet!

Abreise

Der Münchner, wenn nicht in München, ist im Himmel. Allerdings ungern: »Mei Liaba, da werd ja so a Zeugerl heroben sein!« *(Ludwig Thoma)*

Da geht's aussi.

Münster ›

☛ Daten

Bundesland	Nordrhein-Westfalen
Bewohner	273 875
Stalker	Schwan; Pinguin
Liebesobjekt	Tretboot; Pfleger
Regentage / Jahr	146

Lage

An der Aa, einem Streberfluss mit Minderwertigkeitskomplex, der es wenigstens im Alphabet ganz nach vorne schaffen wollte.

Was alle anschauen

Wilsberg und die Prahl-/Liefers-*Tatorte*. Beides sind eigentlich keine Krimis, sondern Comedy-Serien. Dennoch sind sie so beliebt, dass in Münster dazu passende Stadtführungen angeboten werden. Sollten Sie nicht alle *Tatort*-Locations in Münster finden: Das liegt daran, dass die Folgen zu großen Teilen in **Köln** gedreht werden.

»Es gibt in Münster alle Behörden, die man sich vorstellen kann, und auch einige, die man sich nicht vorstellen kann.«
(Volkmar Hopf, ehemaliger Präsident des Bundesrechnungshofs)

»Münster – da sind Einbahnstraßen, die mich zur Verzweiflung bringen, aber auch herrlich restaurierte Gebäude aus frühen Jahrhunderten. Ich möchte verweilen, finde aber keinen Parkplatz. Auf Wiedersehen, Münster!«
(Erich von Däniken, Schriftsteller)

»Münster und die Münsteraner gefall'n mich nich'!«
(Gebhard Leberecht von Blücher, preußischer General und Feldmarschall, 1742–1819)

Dialekt / Volkstümliches

Auf die Viertelmillion Einwohner der Stadt kommen etwa 500 000 **Fahrräder**. Jeder Münsteraner hat also zwei. Das eine stellt er vor den Bahnhof, das andere fährt er.

Sollte ein Münsteraner doch einmal auf die Idee kommen, zu Fuß zu gehen, wird er von den anderen Radfahrern überfahren. Dabei tun die sich aber erstaunlicherweise selbst mehr weh: 650 jährlich verletzten Radlern standen zuletzt 150 kaputte Fußgänger gegenüber.

Berühmte Bürger

Der Fall **Jürgen W. Möllemann** beschäftigte die Deutschen vor knapp zehn Jahren. Der in Münster geborene Politiker irrlichterte als Antisemit und als Steuersünder umher. Als das keine Wählerstimmen brachte, wollte die FDP ihn loswerden. Kurze Zeit später wurde aus dem Fall Möllemann der freie Fall.

ⓘTags ⇉ Autos

✕✕ Unbedingt meiden

Die Wiedertäufer. Diese radikalen Gläubigen beherrschten die Stadt im 16. Jh. ein paar Monate, wurden dann aber abgesetzt, mit glühenden Eisen **gefoltert**, danach erdolcht und tot in drei Eisenkäfige gesteckt. Die zog man an der Lambertikirche hoch, damit man sie gut sehen konnte. Da hängen die Käfige heute noch.

Die Drohung macht Eindruck: Die Mehrheit der Einwohner ist **immer noch** katholisch.

Termine

Im Mai ist in der Stadt Eurocityfest. Was sich zunächst unangenehm nach einer Party in einem überfüllten, runtergekommenen Eurocity der Deutschen Bahn anhört, ist in Wirklichkeit eine Party in der überfüllten, runtergekommenen Innenstadt von Münster (für BahnCard-Inhaber kostenlos).

Gut zu wissen

Das **Stadtwappen** (siehe Seite 131) sieht fast aus wie ein umgedrehtes Dolomiti-Eis von Langnese und treibt darum Retro-Fans Tränen in die Augen (Dolomiti gibt es seit den 90ern nicht mehr).

Abreise

Stellen Sie Ihr Fahrrad am Bahnhof ab und nehmen Sie **irgendeinen Zug**. So machen es die anderen auch.

Neumayer-III-Station ›

Daten

Bundesland	–
Autokennzeichen	–
Bewohner	9
Waschmaschinen	2
Geschwindigkeit	200 m / Jahr (meerwärts)
Lebenserwartung	25–30 Jahre
Tageslänge um Weihnachten	ca. 1440 Stunden
Vorwahl	0471

Lage

70°40'S, 008°16'W
Ekström-Schelfeis, Atka-Bucht, nordöstliches Weddell-Meer, Antarktis.

Geschichte

1981 wurde auf dem Ekström-Schelfeis die erste deutsche Antarktis-Station gebaut. Leider war sie nach zehn Jahren im Schnee versunken, und so stellten die Forscher einige Kilometer weiter die nächste Station hin.
Als auch diese Station weg war, überlegten sich die Planer im Alfred-Wegener-Institut einen Trick: Die dritte Station bekam **Füße**, die sie anheben konnte, so ähnlich wie wenn man auf dem Sofa sitzt und jemand will mit dem Staubsauger untendurch. Seither lüpft Neumayer III einmal im Jahr die Stelzen, es wird Schnee druntergepackt und danach steht das Ding wieder auf dem statt im Eis.

Fußball

Nur bei Windstärken unter 12.

Unbedingt verpassen

Den Müllraum. Es wird nur einmal im Jahr Müll abgeholt.

Bekannt durch …
… die Pinguine. Oder die Eisbären.

Schnell zu besichtigen
Neumayer I und II: »Siehst du das Schneefeld da? Da drunter liegen die alten Stationen!«

Heiratsmarkt
Nachteil: Fast nur **NaturwissenschaftlerInnen**
Vorteil: Eine Nacht dauert sechs Monate!

Abreise
Nordwärts. Per Schiff oder per Flugzeug. Achtung: Wenn man den letzten Flug im März verpasst, muss man den ganzen Winter dableiben!
Südwärts auch zu Fuß. Und dann endlich sagen können: »Lasst mich hier liegen … ohne mich könnt ihr es vielleicht schaffen! Die Vorräte reichen sowieso nicht für alle!« Ja! Es gibt noch Abenteuer!!!

Der Rasen vor der Station.

Neuss

Daten

Bundesland	Nordrhein-Westfalen
Autokennzeichen	NE
Durchschnittliche PLZ	41432,3
Bewohner	151 254
Regentage / Jahr	236

Lage

Neuss ist die linksrheinische (westliche) Hälfte von Düsseldorf.
Stadtführung in sechs Worten: Dirkes Gier: Kuckhof! Schlicherum. Elvekum, Bettikum!

Geschichte

Neuss existiert erst seit 1968. Davor stand hier eine Stadt namens Neuß. Diese wiederum scheint auf den Fundamenten des Ortes Nussia erbaut worden zu sein, der hier im Mittelalter war. Am Anfang gab es an der Stelle eine römische Siedlung: Novaesium. Und in der Nähe ein kleines gallisches Dorf …

Gut zu wissen

Neil Diamond gefiel die Stadt so gut (»beautiful!«), dass er ihr 1976 ein ganzes Album widmete.

Berühmte Bürger

Der Kölner Kardinal **Frings** wurde in Neuss geboren. Seine Beliebtheit erlangte er dadurch, dass er nach dem Zweiten Weltkrieg den Kölnern das **Kohlenklauen** erlaubte. Ja, Popularität kann so einfach sein.

Lauf! Dat mit dem Führerschein wird doch eh nix!

Abreise

Zu Fuß! (Siehe Foto)

ⓘ**Tags** ⇉ 5, Löwe

Nürnberg ›

☛ Daten

Bundesland	Franken
Region	Knoblauchland
Behörde 1	Bundesagentur für Arbeit
Behörde 2	Bundesamt für Migration und Flüchtlinge
Wechselwirkung	Keine natürlich! Wo denken Sie hin?
Bewohner	503 638
Regentage / Jahr	193

Lage

Es ligt die weitberühmte deß Heiligen Röm. Reichs Stadt Nürnberg im Fränckischen Creiß / an der Pegnitz / so bey Fürth in die Regnitz oder Rednitz / und diese förters in den Mäyn fället / auff einem sandigten gar harten Boden / da weder Weinwachs / noch Schiffarth ist / die auch nicht eben / sondern auff etlichen Berglein erbauet / deren Hand jedoch durch alle Land gehet. *(M. Merian, 1648)*

Dialekt / Volkstümliches

Fränkisch gehört zur Klasse der **unlernbaren Dialekte**. Wer es nicht angeboren bekommt, hat keine Chance. Andererseits geht es auch nie wieder ganz weg, wenn es sich mal festgesetzt hat (siehe z. B. Lodda Matthäus). Schwangeren wird daher geraten, die Gegend generell zu meiden, um keine Gefahr zu laufen, ihren Kindern ein Schicksal als Glassenglown mit rollendem R zu bescheren.

Auch hässlich, aber wenigstens woanders

Berühmte Bürger

Zwei Nürnberger Originale waren der Erfinder des Behaim-Globus (Martin Behaim) und der Erfinder von Henleins Taschenuhr (Peter Henlein).

Behaim hatte die Stadt verlassen, um sich jahrelang in der Welt herumzutreiben. Nach seiner Rückkehr bastelte er ab 1491 seinen »Erdapfel« und verkaufte ihn an den Nürnberger Rat. Das Pech bei der Sache war, dass ein gewisser Kolumbus genau gleichzeitig Amerika entdeckte. Damit besaßen die Nürnberger nun den am schnellsten veralteten Globus aller Zeiten. Sie stellten ihn ins Museum und da ist er heute noch.

Bei **Henlein** ist nicht sicher, ob er wirklich der Erste war, der eine tragbare Uhr baute. Jedenfalls lief er im Jahre 1510 in der Stadt herum und zeigte allen seine neue »dobb laufende, uldragenaue und subbärgleine« Taschenuhr. Kritiker behaupteten schon damals, es habe sich um eine Billigfälschung aus dem *Reich der Mitte* gehandelt.

Fußball

Der »Glubb« – so nennen die Nürnberger ihren FC – war früher mal Rekordmeister in der Bundesliga: neunmal Champion. Dann kamen die Bayern aus München und entthronten die Glubberer. Diese Tatsache hat nicht unbedingt zu einer großen Freundschaft zwischen den Fans beider Vereine geführt.

Heute kugeln die Nürnberger orientierungslos zwischen den Ligen herum und die Anhänger verdienen eine Medaille als leidensfähigste Nordkurve Deutschlands.

Was alle anschauen

Die Fußgängerzone. Es bleibt einem auch kaum etwas übrig, denn die Nürnberger haben ein verwirrendes, riesengroßes Netz von Straßen und kleinen Gassen zur autofreien Zone erklärt. Insgesamt sind es wohl über fünf Kilometer voller Douglas-Filialen, H&M-Läden, Deichmann-Häuser und Akkordeonspieler. Also das Gleiche wie überall, nur: mehr!

Geschichte

Parteitage. Gesetze. Prozesse.

Unzulässig verkürzt könnte man sagen, dass in Nürnberg auch nach dem Krieg noch einiges an Nazikram übrig blieb.

Schnell zu besichtigen

Der **Feldhase** und die **Betenden Hände**. Dafür muss man nämlich nicht nach Nürnberg. Die beiden Bilder Albrecht Dürers werden wahrscheinlich am häufigsten von Entrümplern aus den Wohnungen einsam gestorbener Menschen getragen und dann auf Flohmärkten angeboten. Einerseits ein schöner Erfolg. Andererseits: Was sollen wir mit all diesen Händen???

Termine

Das Christkind ist auf dem Nürnberger Weihnachtsmarkt zu Hause, der darum auch *Christkindlesmarkt* genannt wird. Wer es noch nie gesehen hat: Es ist die Gestalt mit den **blonden Locken**, der Krone und dem goldenen Umhang.
In der Adventszeit reist das Christkind von hier aus bis zum Weihnachtsmarkt von **Chicago**. Die übrigen Monate des Jahres geht es in die 12. Klasse eines Nürnberger Gymnasiums und macht sich über kleine Kinder lustig, die noch an den Weihnachtsmann glauben.

Abreise

Am 7. Dezember 1835, um 9 Uhr morgens, erfüllte sich für 200 Nürnberger ein **Traum**: Wegfahren! Mit dem Zug! Man hatte weder Kosten noch Mühen gescheut, Schienen verlegt und aus England eigens eine Lokomotive samt Lokführer besorgt. Pferde scheuten, Kinder schrien und so mancher Bürger bebte, als die »Adler«, dieses Ungetüm aus Holz und Stahl, mit lautem Fauchen aus der Stadt stampfte.
Das Abenteuer dauerte neun Minuten und endete in **Fürth**. Dort hörten leider die Gleise auf und es dämmerte den wackeren Reisenden, dass ihre Flucht fürs Erste zu Ende war, denn andere Eisenbahnen gab es in Deutschland noch nicht.

Oberhausen ›

Daten

Bundesland	Nordrhein-Westfalen
Bewohner	215 670
Höchster Emscherabfluss	Januar 1995
2. Höhepunkt der Stadtgeschichte	Stadtflagge auf dem Everest (2010)
Regentage / Jahr	236

Lage

Unmittelbar neben Duisburg, unmittelbar neben Mülheim, unmittelbar neben Essen, unmittelbar neben Bottrop. Da so mittendrin dazwischen.

Geschichte

Als 1847 die erste **Eisenbahnlinie** in der Gegend ankam, freuten sich die Bewohner der Orte Lippern, Lirich, Styrum und einiger anderer Dörfer. Seltsamerweise stand auf ihrem Bahnhofsschild dann jedoch ein Ortsname, den es gar nicht gab. Seufzend passten sich die Menschen der Eisenbahn an und nannten ihre Dörfer allesamt in *Oberhausen* um.

Im Laufe der Jahre stellte Oberhausen übrigens diverse deutsche Rekorde auf:

Größter Rangierbahnhof:	1890
Größter Hochofen:	1909
Heiratsfreudigste Stadt:	1925
Geburtenstärkste Stadt:	1930
Gefährlichste Großstadt:	1960
Größte illegale Zigarettenfabrik:	2003
Meistüberfallener Juwelier:	2004

Was alle anschauen

Das CentrO, ein Einkaufszentrum nach amerikanischem Vorbild, nur größer. Der Name führt etwas in die Irre, denn es liegt weit **außerhalb** des Zentrums. Sei's

ⓘ**Tags** ⇉ Autos, Weg

drum, die Oberhausener fahren jetzt eben dorthin zum Einkaufen und lassen ihre Innenstadt veröden. Das ist modern!

Schnell zu besichtigen

Kurzfilme. Gibt's jedes Jahr bei den Oberhausener Kurzfilmtagen. Jede Menge. Deshalb dauert's doch wieder länger.

Heiratsmarkt

Keine Ahnung, warum die Geburtenrate 2008 um 40 % unter der Sterberate lag – Oberhausen kümmert sich doch rührend um seine kleinen Bürger.

Gut zu wissen

Die alte Postleitzahl von Oberhausen war 42! Und das ist, wie wir alle wissen, »die Antwort auf die Frage nach dem Leben, dem Universum und allem«. *(Douglas Adams: Per Anhalter durch die Galaxis)*

Berühmte Bürger

Der **Gasometer** (geb. 1929) ist Ehrenbürger der Neuen Mitte und in die Europäische Route der Industriekultur (ERIH) eingebunden.

Abreise

Mit dem Rad! Die alten Bahntrassen sind in der ganzen Gegend als Radwege ausgebaut, sodass man zügig recht weit weg gelangt.

Offenbach am Main ›

Restaurant Mykonos in Offenbach

Daten

Bundesland	Hessen
Autokennzeichen	OF*
Starenkästen	80
Bewohner	118 977
Regentage / Jahr	133

* *Heißt auf Frankfurterisch »Ohne Führerschein«*

Lage

Offenbach könnte jederzeit als Vorort von Frankfurt am Main durchgehen – oder auch umgekehrt.

Berühmte Bürger

Horst-Gregorio Canellas war Gemüsehändler und Präsident von Kickers Offenbach. Zu seinem 50. Geburtstag lud er am 6. Juni 1971 viel Fußballprominenz ein und spielte zu Kaffee und **Kuchen** ein Tonband mit mitgeschnittenen Anrufen vor. Darauf war zu hören, wie Spieler anderer Mannschaften mit ihm über **Bestechungsgelder** verhandeln wollten. Am Ende stellte sich heraus, dass in der Saison 18 Spiele verkauft worden waren.
Der DFB reagierte schnell – und bestrafte Canellas, der jahrelang kein Vereinsamt mehr ausüben durfte.

Fußball

Die Offenbacher Kickers sind der Erzrivale von **Eintracht Frankfurt**. Gegen Frankfurt hat man auch öfters gewonnen, sonst leider nicht so. Man kickt sich durch die unteren Ligen, hat aber für die Fans ein Museum eingerichtet. Dort träumen die Kickersfreunde dann von besseren Zeiten, vor über 50 Jahren, als sie »beinahe mal Deutscher Meister« … aber das Endspiel gewann dann eben doch wieder die Eintracht …

Heiratsmarkt

Frankfurt hat das Rotlichtviertel – aber Offenbach hat die Lederindustrie.

ⓘ **Tags** ⇉ AKW

Nix für Sitzpinkler: Stadion am Bieberer Berg

Was alle anschauen

Die Wettervorhersage. Die wird in Offenbach gemacht, hier ist nämlich die Zentrale des Deutschen Wetterdienstes. Offenbach ist also auch für den Nieselregen **anderswo** zuständig!

Gut zu wissen

Die **Politessen** der Stadt machten 2009 von sich reden, als das *Zeit-Magazin* recherchierte, dass es in Offenbach die meisten Knöllchen Deutschlands gebe: 127 Stück pro 100 Autos. Ein Sprecher der Stadt beeilte sich zu versichern, das könne eigentlich nicht sein: »Seit Jahren sinkt die Zahl der Strafzettel bei uns!« Autofahrer haben dennoch einen guten Grund, die Stadt zu meiden: die vielen Unfälle. Die Einwohner sagen zwar, die vielen Durchfahr-Pendler auf ihrem Weg nach Frankfurt seien für die Crashs verantwortlich – die höchsten Versicherungsprämien im Land zahlen sie aber trotzdem.

Abreise

Besser **nicht mit der Lufthansa**-Maschine Landshut. In der saß Horst-Gregorio Canellas (s. o.) 1977, als sie von Terroristen entführt wurde. Er wurde in Mogadischu von der GSG 9 befreit – aber **schön** ist so was nicht!

Oldenburg ›

Oldenburg, Claes: Künstler. Ist unvorsichtig mit Eis!

Daten

Bundesland	Niedersachsen
Bewohner	160 279
Lambertikirche	Rund
Rathaus	Dreieckig
Regentage / Jahr	209

Lage

Oldenburg liegt in Oldenburg (die Stadt im Land). Das ist praktisch und leicht zu merken.

Berühmte Bürger

Dieter Bohlen, Oldenburger Musiker und Talenteförderer (»Du hast die Töne nicht getroffen, kein Gefühl, gar nichts, Banane!«), hätte in Papas Firma Baggerfahrer werden können. Aber Oldenburg war ihm nicht attraktiv genug, er ging weg und wurde berühmt. Ein gutes Beispiel, warum man manchen Städten mal **in den Hintern** treten könnte.

Was alle anschauen

Postkarten von weit weg. Insofern hat der Oldenburger Hofbuchhändler August Schwarz gute Arbeit im Sinne dieses Buchs geleistet, als er 1870 die Ansichtskarte und damit das **Fernweh** erfand.

Heiratsmarkt

In Oldenburg sitzt der Veranstalter der Miss-Germany-Wahlen. Voraussetzungen für die Teilnahme: 16 bis **29** Jahre alt, ledig, Figur: mager, Verstand: schlank, Bildung: dünn.

ⓘ**Tags** ⇉ AKW, Autos, Flanier, Schweiz

Termine

Im tiefen Winter macht sich der Oldenburger jährlich zu einer alkoholisch unterstützten Wanderung auf, an deren Ende er möglichst viel Grünkohl nebst einer Beilage namens Pinkel zu sich nimmt. Wer am besoffensten ist und am meisten isst, wird zum **Grünkohlkönig** gewählt und muss nächstes Jahr wiederkommen.
Ja, oft sind es die einfachen Sachen, in denen sich die Doofheit der Leute zeigt.

Abreise

Eine Googlesuche nach »Oldenburg Abreise« bringt 33 000 Treffer. Also keine faulen Ausreden!

Osnabrück

Als man sah, dass man den Einbau sämtlicher Fenster vergessen hatte, errichtete man aus ihnen flugs einen schnieken Anbau.

Daten

Bundesland	Niedersachsen
Bewohner	163 268
Steckenpferd	Steckenpferdreiten im Oktober
Regentage / Jahr	146

Lage

Am Teutoburger Wald.

Dialekt / Volkstümliches

Pumpernickel, Steckrüben und Grünkohl: Das Dreigestirn der kulinarischen **Trostlosigkeit** vereinigt sich in Osnabrück.

Berühmte Bürger

In Osnabrück kamen Christian »Pumpernickel« **Wulff** (CDU) und Olaf »Steckrübe« **Scholz** (SPD) auf die Welt. Wer macht den Grünkohl?

Bekannt durch …

… Tiefkühltorten. Wer zu faul zum Backen und zu geizig zum Frischkaufen ist, der taut eine *Coppenrath & Wiese*-Torte auf. Da die Osnabrücker Riesenbäckerei ihre matschweichen Schwarzwälderkirsch- und Käsesahnebomben bis Australien liefert, ist Osnabrück inzwischen überall.

Termine

Alle zwei Jahre findet in Osnabrück das »Festival des Neuen Japanischen Films« statt. Da geht's rund in Osnabrück!

Abreise

Falls Sie zufällig Römer sind und einige Legionen dabeihaben, ein Tipp: Nicht nach Norden! Im Teutoburger Wald, genauer bei Bramsche, sitzen die **Germanen**! Auch heute noch! Aber wahrscheinlich hört eh wieder keiner auf mich.

ⓘ**Tags** ⇉ AKW, Schweiz

Paderborn ›

Restaurant Mykonos in Osnabrück

Daten

Bundesland	Nordrhein-Westfalen
Bewohner	144 811
Stadtfläche	179,38 km^2
Davon Grünfläche	72 %
Partnerstadt	Belleville, Illinois, USA
Regentage / Jahr	171

Lage

Von Nordrhein-Westfalen aus am Ende der Welt.
Von Niedersachsen aus unerreichbar.

Geschichte

»Gott erschuf in seinem Zorn / Bielefeld und Paderborn.« Seither versuchen die Paderborner Gott gnädig zu stimmen. Im Jahr 799 war der Papst zu Besuch, da präsentierte man ihm schon eine große Kirche. Trotzdem **brannte** Paderborn im Jahr 999 ab, genau wie 1058, 1133, 1165, 1289, 1340, 1506 und 1616. Dreimal hatte man Pest, erobert wurde die Stadt unter anderem von Christian von Braunschweig (der das Gold und Silber der Kirche einschmolz und Münzen prägte mit der Aufschrift: Gottes Freund, der Pfaffen Feind), von den Hessen, den Kaiserlichen, den Schweden, dann von allen zusammen und vom Bischof von Osnabrück.
Und nach alledem kommt Eugen Drewermann und kritisiert von Paderborn aus die Kirche. Ja, den Mann **musste** der Erzbischof doch rausschmeißen!

Was alle anschauen

Die Sonne ging auf bei Paderborn,
Mit sehr verdroßner Gebärde.
Sie treibt in der Tat ein verdrießlich Geschäft
Beleuchten die dumme Erde!
(Heinrich Heine)

Gut zu wissen

Ich weiß gar nicht, ob Sie's wussten, aber **Rüdiger Hoffmann** kommt aus Paderborn.

Abreise

Bitte im Dom fragen. Da erfahren Sie generell alles, was Sie wissen müssen.

Solche Häuser gibt es in Paderborn – nicht.

Palma de Mallorca ›

☛ Daten

Bundesland	Malle
Autokennzeichen	PM
Bewohner	396 570
Ausländeranteil im Winter	20 %
Ausländeranteil im Sommer	ca. 90 %
Vorwahl	0034971
Regentage / Jahr	85

Lage

Mallorca, das 17. Bundesland, liegt in der Nähe von Spanien. Es ist ein bevorzugtes Reiseziel englischer Touristen, die sich miserabel benehmen. Außerdem besuchen auch viele Deutsche die Insel, die mal im eigenen Land Urlaub machen wollen. Diese haben Manieren und interessieren sich für die **Kultur** und das wunderschöne **Hinterland**.

Dialekt / Volkstümliches

Die Palmeser als Integrationsverweigerer sind für Festlandsdeutsche meist schwer zu verstehen. Untereinander sprechen sie verschlagenerweise oft Mallorquinisch, mit uns Englisch. Die wichtigsten Phrasen (»Einen Eimer Sangria und acht Strohhalme, bitte«, »Dieser Liegestuhl ist reserviert«, »Ich recherchiere für einen SAT.1-Beitrag und suche die Besoffenen«) werden aber in der Regel auch auf Hochdeutsch verstanden.

Geschichte

Die Inselbewohner arbeiteten als ehrbare, neutrale **Piraten**, bis die Römer kamen (123 v. Chr.) und das verboten. Sie schwärmten immer noch von den alten Zeiten, als im fünften Jahrhundert **die Vandalen** Mallorca besetzten. Auch nicht so super. Später nannten die Vandalen sich Araber und Aragonier, dann Engländer. Und dann kamen die deutschen Kegelvereinsdamen und verjagten die Vandalen. Alles in allem eine traurige Geschichte. Wo sind sie geblieben, die Piraten?

Berühmte Bürger

Jürgen Drews, der König von Mallorca, brachte in einem WDR-Interview die Inselbefindlichkeit auf den Punkt: »Ich habe eigentlich keine Botschaft, außer: Lasst uns alle ein bisschen gaga sein!«

Heiratsmarkt

Ja. Sehr witzig!

Abreise

Im Preis mit drin. Nach 14 Tagen. Gate 10. Bitte achten Sie auf Ihre persönlichen Gegenstände. Und nicht mehr als 100 Milliliter Sangria ins Handgepäck.

Ja, das ist eine Kloschüssel, aus der die Herren da trinken.

Pforzheim

Erholung in Pforzheim – eine sichere Bank

Daten

Bundesland	Baden-Württemberg
Bewohner	119 839
Erste Erwähnung	1067
Zweite Erwähnung	1975 (Großstadt)
Dritte Erwähnung	In diesem Buch
Regentage / Jahr	85

Lage

Zwischen den Anschlussstellen Pforzheim-West und Pforzheim-Ost. Da, wo immer der Stau ist.

Geschichte

Im Zweiten Weltkrieg total zerstört. **Ob und wann** die Stadt wieder aufgebaut wird, ist noch nicht entschieden. Übergangsweise stellte man provisorische Wohnkisten ins Tal.

Berühmte Bürger

»Pforzheim, das ist Klunker & Kleinkaliber, Schummerlicht & Schmuddel. Pforzheim, das ist **René Weller**.« *(Joe Bauer, Stuttgarter Nachrichten)*
René Weller, falls Sie sich nicht erinnern, war Deutschlands »schönster Boxer«, verbrachte später eine Woche im Big-Brother-Haus und ließ sich neulich von einem Schwarm Reporter zur Facelifting-Klinik begleiten.

Abreise

»Schön war es in Pforzheim gewesen. Nun auf nach Basel! Die Schweiz sollte uns endlich reich machen.« *(Joachim Ringelnatz)*

Potsdam ›

Das Wort »Interhotel« hat so viel Flair, hat es nicht?

☛ Daten

Bundesland	Brandenburg
Bewohner 1648	700
Zuwanderung staatlich gefördert seit	1685
Bewohner 2009	52 966
Regentage / Jahr	136

Lage

In Berlin, am südwestlichen Rand.
(Teile in Holland: 1 Kreuzung, 2 Straßen, 4 Blöcke, 134 Häuser)

Geschichte

Potsdam hat eine reiche Geschichte als **Kasernenstadt**. Von der preußischen Armee bis zu NVA und Bundeswehr reicht die Palette der behelmten Einwohner. Spuren davon finden sich heute noch im Umgangston von Kassiererinnen und Cafébedienungen.

Berühmte Bürger

»Wo nur ein leerer Platz zu finden ist, soll die Kartoffel angebaut werden«, befahl Friedrich II., der *Alte Fritz,* 1756. Missmutig gehorchten die Untertanen – sie waren keine großen Kartoffelfreunde. Noch heute essen sie sie nicht, sondern legen sie auf den Gullydeckel, der als Fritzens große Grabplatte vor Schloss Sanssouci bezeichnet wird.

ⓘ **Tags** ⇉ keine

Fußball

Deutscher Rekordmeister. Im **Frauenfußball**. Oft kommen zu den Heimspielen sogar mehr als 500 Zuschauer. Muss also echt mitreißend sein.

Was alle anschauen

Filme aus Potsdam-Babelsberg. Seit hundert Jahren wird hier gedreht, je nach Epoche und Regierung reicht die Spanne von Nazipropaganda bis Graf Stauffenberg. Man passt sich an.

Abreise

Die Glienicker Brücke war zu DDR-Zeiten ein exquisiter Ausgang Richtung Westen (also eigentlich Osten, weil West-Berlin im Osten lag, von Potsdam aus. Alles klar?). Der Nachteil war: Vorher musste man im Gefängnis schmoren, endlose Stasiverhöre überstehen – und einen Tauschpartner finden. Denn für jeden Regimekritiker, der rauskam, musste ein im Westen erwischter Stasispion **rein**!

Vorbild Schwaben: In Reutlingen hat man den mittelalterlichen Turm farblich ans moderne Geländer angepasst.

Recklinghausen

Daten

Bundesland	Nordrhein-Westfalen
Bewohner	120 059
Letzte Hexe	1706 (geköpft und verbrannt)
Spielhallen	6
Ruhrfestspielhäuser	1
Regentage / Jahr	236

Lage

An der Kreuzung von A2 und A43.

Berühmte Bürger / Fußball / Gut zu wissen

Werner Hansch, Recklinghauser Pferderennbahnsprecher, kommentierte ab 1978 Fußballspiele. »Wenn Sie eine markante und einprägsame Stimme besitzen, können Sie den größten Käse erzählen, der Klang Ihrer Stimme wird den Hörern dennoch in Erinnerung bleiben«, erklärte er seine Bekanntheit in einem Interview. Oh ja, wir erinnern uns!

Was sich alle fragen

Warum wohnen hier freiwillig 120 000 Menschen?

Abreise

Hape Kerkeling ist in Recklinghausen aufgewachsen. Und jetzt alle: »Ich bin dann mal weg!«

Falls eine hohe Spielhallendichte bedeuten sollte, dass in einer Stadt viele Gewinner leben, dann ist Recklinghausen eine Stadt der Glückspilze.

Regensburg ›

Regensburg und seine Burger

Daten

Bundesland	Bayern
Bewohner	133 525
Anatomie	20 Geschlechtertürme*
Ornithologie	500 Domspatzen
Regentage / Jahr	205

* *Größte Anzahl nördlich der Alpen*

Eine Geschichte

Ich hab in Regensburg den lieben Gott getroffen. Das war **total** schräg. Der ging da so lang und da hab ich den einfach angesprochen. Und er so: »Ja, haste Zeit für 'n Käffchen?«
Dann haben wir uns auf die Suche nach einem Café gemacht, das war nicht so einfach. Beim ersten standen vor der Tür zwei Amerikanerinnen. Und natürlich so: »Ohmygooood!«
Aber der war ganz cool, hat nur gelächelt, die eine hat ein Bild mit ihrem iPhone gemacht und dann sind wir weiter und saßen am Ende beim Meckes.
Als wir saßen, hab ich gefragt, was er denn ausgerechnet in Regensburg macht: »Nicht wegen dem **Ratzinger** jetzt, oder?!«
Er so: »Ratzinger? Wer soll das sein?«
»Benedikt«, sag ich. »Vierzehn … oder sechzehn?« Ich hatte das echt nicht mehr im Kopf. Sechzehn stimmt aber, glaub ich. Jedenfalls, ich so: »Papst Benedikt! Der hieß noch Ratzinger, als er hier gelebt hat.«
»Ach so! Was hab ich denn mit dem Papst zu tun?«, sagt er. Und stochert in seinem Salat rum.
»Aber den kennen Sie schon?!«, frag ich und er so: »Joa, pfff ...«
Ich so überlegt: »Johannes Kepler!!! Der ist doch hier gestorben.«
Aber das war mal gar nix! Seine Gabel hat er auf den Tisch geknallt: »Hallo?! Kepler?! Und du glaubst auch, dass die Erde sich um die Sonne dreht, stimmt's?«
Ich so: »Ja … logisch … oder nein?«
»Bullshit!« Echt, der hat Bullshit gesagt! Und dann hat er mir auf eine Serviet-

te aufgezeichnet, wie die Sonne und die Planeten sich in Wirklichkeit um die Erde drehen – und die Erde ist flach! Und dann hat er gebrüllt, in Regensburg sei überhaupt nur einer gestorben, den man heiligsprechen sollte – und zwar **Franz-Josef Strauß**.

Total peinlich! Da bin ich aufgestanden und einfach gegangen. Und Gott durfte die beiden Tabletts allein zurückstellen! Geschieht dem recht!

Es ist ein still Erwarten in den Bäumen,
Die Nachtigallen in den Büschen schlagen.
Eichendorff

Remscheid ‹

In manchen Städten ist wirklich jede Ecke schön: Repräsentatives Eingangsportal, Fenster, Kamin … fertig ist die Stadtvilla!

Daten

Bundesland	Nordrhein-Westfalen
Bewohner	112 679
Sportvereine	73
Sportl. Wetterphänomen	Steigungsregen
Regentage / Jahr	236

Lage

Vor oder hinter Köln, je nachdem.

Berühmte Bürger

Konrad X-Ray, der Erfinder der Röntgenstrahlen, wurde 1845 in Remscheid-Lennep geboren und flog wenig später ohne Abschluss von der Schule, weil er ständig Streiche ausheckte.
Als er 50 Jahre alt war, versuchte er, eine Maschine zu bauen, mit deren Hilfe man Lehrer **nackt** sehen konnte. Er schoss etwas übers Ziel hinaus. Zwar blieb er bis zu seinem Tod ohne Abi, aber inzwischen werden Schulen nach ihm benannt.

Abreise

Köln

So muss ein Labor aussehen. Dann klappt's auch mit dem Gruseln.

Reutlingen ›

Schnelles Rennen durch Reutlinger Altbauwohnungen ist verboten.

Daten

Bundesland	Baden-Württemberg
Bewohner	112 176
Liquidität	15 Brunnen
Schlüpfrigkeit	Hoch*
Ängstlichkeit	Gering**
Regentage / Jahr	200

* *Erbaut auf süd-nord-geneigter Schotterterrasse*

** *Seit dem 16. Jahrhundert Asylrecht für vorsatzlose Totschläger*

Lage

Die bekannte Universitätsstadt **Tübingen** liegt südlich von Stuttgart. Da irgendwo in der Nähe ist auch Reutlingen.

Berühmte Bürger

Willi Betz ist der Name, den man auf Autobahnen am häufigsten liest – wenn man mit 85 km/h hinter einem Willi-Betz-Lkw herfährt, der einen anderen Willi-Betz-Lkw überholt. Kein Wunder: Die Firma hat 2800 **Lastwagen** im Fuhrpark. Gegründet hat die Willi-Betz-Firma ein Mann namens Willi Betz, der nur **ganz selten** Ärger wegen Bestechung oder Steuertricks hatte. Die Zentrale ist in Reutlingen.

Unbedingt meiden

Die Spreuerhofstraße ist die engste öffentliche Straße der Welt und so schmal, dass Erwachsene ab 70 Kilo sich nur seitwärts durchschieben können. Ist man durch, steht man in einer Art Innenhof und kann sich wieder zurückquetschen. Es sollen schon Leute süchtig danach geworden sein.

ⓘ **Tags** ⇉ 5, Weg

Heiratsmarkt

Wie gesagt: Tübingen ist gleich nebenan.

Gut zu wissen

Reutlingen taucht nie in den Autobahn-Staumeldungen auf. Das liegt aber nur daran, dass es die einzige deutsche Großstadt ohne Autobahnanschluss ist. (Mit der CSU wäre sowas nie passiert.)

Abreise

Stilvoll verlässt man die Stadt zu Fuß und spielt Graf Egino nach: Der hatte seine Burg in der Nähe und schleppte sich nach einem Mordanschlag schwer verletzt den Hang hinauf. Als er schließlich zusammenbrach, wollte er noch seufzen: »Ach, Allmächtiger!«, schaffte aber das -ächtiger nicht mehr. Deswegen heißt der Berg bis heute **Achalm**.

Bitte merken: Wenn Sie mal zusammenbrechen, achten Sie auf Ihre Wortwahl. Nicht dass hinterher ein Berg »Verdammteschei« heißen muss!

Blödesrumgelaufeichhockmichaufdiewie

Rostock ›

Daten

Bundesland	Mecklenburg-Vorpommern
Bewohner	201 096
Sportverein 1	Rostocker Nasenbären
Sportverein 2	SV Pädagogik Rostock
Wichtigste Zahl	7*
Regentage / Jahr	136

* *www.seventowers.de*

Lage

»I komm übrigens aus Mecklenburg! – Mei, sog i, des kann scho amal vorpommern!« (Willy Astor)

Berühmte Bürger

1997 war der gebürtige Rostocker Jan Ullrich nicht in einen **Dopingskandal** verwickelt. Stattdessen gewann er als erster Deutscher die Tour de France. Seither geht's bergab – na ja, für Radfahrer ist das ja nicht so schlimm!

Fußball

Hansa Rostock war der letzte DDR-Meister. In der jüngeren Vergangenheit interessierten die Fans sich aber eher für Straßenschlachten als für das frustrierende Geschehen auf dem Platz.

Bekannt durch …

… den Mann mit dem Deutschland-Trikot und der vollgepinkelten **Jogginghose**. 1992 ging sein Bild durch die Medien: Die Hand zum Hitlergruß erhoben, glotzt er das Asylbe-

Haben Sie Rostojewski?

ⓘ**Tags** ⇉ CBL, Flanier (DDR), Nr., Schweiz

werberheim in Rostock-Lichtenhagen an, das seine Mitbürger gerade in Brand gesetzt haben.
Es waren die schlimmsten **ausländerfeindlichen Krawalle** in Deutschland seit dem Krieg.

Abreise

FLITZ! Ab nach Entenhausen! Die geniale Duck-Übersetzerin **Erika Fuchs** wurde in Rostock geboren (blieb aber nicht länger als nötig da).

Aus der ganzen Republik strömen die Bräute zum sowjetischen Ehrenmal in Berlin-Treptow, um russische Traktoristen (nicht im Bild) zu ehelichen.

Rothenburg ob der Tauber >

»Kaufen Sie hier, exklusiv, das Gleiche wie überall.«

Daten

Bundesland	Bayern
Bewohner	11 118
Verlust der Freiheit	1803 durch Reichsdeputationshauptschluss
Und wie ist es hier so?	Dürrenhof, Hemmendorf, Herrnwinden, Ludlesmühle, Schandhof, Schnepfendorf, Siechenmühle
Regentage / Jahr	137

Lage

About 100 miles from Heidelberg in eastern direction. Follow signs »A6«, then »A7«, then follow tourist busses with Japanese people inside.

Geschichte

Rothenburgs Geschichte besteht aus dem Jahr 1631. Damals hatten die Truppen von General Tilly die Stadt nach längerer Belagerung erobert. Wie üblich sollten die Soldaten nun die Erlaubnis erhalten, ihren üblichen Vergnügungen wie Plündern, Feuerlegen, Besoffen-in-Regionalzügen-Rumhängen und Leutetothauen nachzugehen. Bei den Verhandlungen über die Dauer dieser allgemeinen Rabaukenbelustigung im Rothenburger Rathaus wurde **Wein** serviert. Genauer gesagt: Des Kellermeisters Töchterlein trat mit einem Fünflitergefäß voll des schweren roten Frankenweins an den Tisch.
Feldherr Tilly, nachdem er an seinem Glas genippt hatte, ließ sich auf eine Wette mit dem Altbürgermeister der Stadt, Georg Nusch (ja, mein Urururururururururonkel!) ein: Der bot an, den gesamten Wein **in einem Zug** auszutrinken, wenn Tillys Männer im Gegenzug sein Städtchen verschonen würden.
Zur allgemeinen Überraschung schaffte der Altbürgermeister das tatsächlich. Möglicherweise hatte er heimlich geübt. Jedenfalls hielt General Tilly sein Versprechen und zog weiter, ohne dass die Rothenburger geschröpft oder geköpft wurden.

ⓘ**Tags** ⇉ keine

Seither wird das Ereignis jedes Jahr mehrfach im Rahmen eines Festspiels aufgeführt: dem *Meistertrunk*.
In der Zeit seit 1631 findet in Rothenburg keine Geschichte mehr statt, sondern nur noch **Tourismus**.

Schnell zu besichtigen

Die Rathausuhr zeigt jeden Mittag den **Meistertrunk** mit zwei Puppen, die den Tilly (fesch, mit Hut) und den Nusch (dick, mit Wein) darstellen. Während das Glockenspiel ertönt, trinkt Onkel Georg den Humpen aus, das ist alles.

Abreise

We'll meet here at the bus at three thirty! Hermann, the bus driver will give you a list with typical souvenirs to buy. Please remember that we have to be in Dinkelsbühl on time to get our dinner! Have fun, see you in 30 minutes!

»This way, please!«

Saarbrücken ›

Unser Architekt hat im rechten Haus 10 Fehler eingebaut. Finden Sie sie?

Daten

Bundesland	Saarland
Bewohner	176 749
Einpendler	65 000
Davon Franzosen	10 000
Identitätskrise	M'r sin nit so*
Regentage / Jahr	155

* *Saarbrücker Karnevalsgesellschaft, gegründet 1856*

Lage

Im Saarland. Das Saarland ist übrigens so groß wie 14 000 Fußballfelder. Wenn man 250 Güterzüge hintereinanderstellte, würden sie einmal um das Saarland herumreichen. Nur damit man sich das mal vorstellen kann.

Geschichte

Saarbrücken ist seit Jahrhunderten immer abwechselnd deutsch und französisch. **Im Moment** gehört es zwar zu Deutschland, aber die meisten Einwohner verstecken irgendwo noch ein Konservendöschen *Froschschenkel à la crème,* das sie jederzeit rausholen können.

Berühmte Bürger

Erich Honecker wurde in der Nähe von Saarbrücken geboren. 1989 sorgte er für Schlagzeilen, als ihm die DDR kaputtging. Verbittert starb er im Exil in Chile.
Den Wiederaufbau der DDR verfolgt seitdem der ehemalige Saarbrücker OB **Oskar Lafontaine** – freilich bislang erfolglos.

Unbedingt verpassen

Die peinlichsten Wochen der deutschen Musikgeschichte machten wir 1982 durch. Die Saarbrückerin **Nicole** hatte mit *Ein bisschen Frieden* den Grand Prix gewonnen. Das ganze Land fiel daraufhin in einen Sing-mit-mir-ein-kleines-Lied-Taumel, den wir heute alle gerne vergessen würden.

ⓘ**Tags** ⇉ Autos, Löwe, Topp

Schnell zu besichtigen

Der »Platz des unsichtbaren Mahnmals« ist eine furchtbar praktische Erfindung von Saarbrücker Kunststudenten. Stadtväter weltweit sind neidisch. Was könnte man Geld sparen, wenn nur noch unsichtbare Mahnmale aufgestellt würden!

Abreise

Nach Frankreich. Oder nach Moskau. Oder nach Chile.

Immer un peu raffinée: Gastronomie im Saarland

Salzgitter

Die City von Salzgitty

Daten

Bundesland	Niedersachsen
Bewohner	104 423
Bildung 1	19 Grund-, 6 Haupt-, 6 Real-, 2 Berufs-, 4 Förderschulen
Bildung 2	3 Gymnasien, 0 Universitäten
Bildung 3	0 Waldorfschulen
Regentage / Jahr	146

»Wenden und dem Straßenverlauf mindestens 50 Kilometer folgen!«

Lage

Salzgitter besteht aus vielen verstreuten Orten, die auf einer dicken Schicht Eisenerz sitzen.

Geschichte

Salzgitter war **als Kind schon scheiße**: Die Stadtgründung fand 1942 statt, damit die kurz vorher angelegten »Reichswerke Hermann Göring« auch zu einer Stadt gehörten und nicht nur zu lauter Dörfern. In den Industriebetrieben starben in den Folgejahren Tausende Zwangsarbeiter.

Nach dem Krieg wurde weiter Eisenerz gefördert und Stahl produziert. In den 70ern wählte man eins der tiefen Löcher aus und beschloss, darin in Zukunft radioaktiven Müll zu versenken: Schacht Konrad. Zum undichten Atommülllager Asse sind es auch nur ein paar Kilometer.

Wenn einer also auf eine **total eklige Idee** kommt, so scheint es, wird sie immer in der Gegend von Salzgitter realisiert.

Abreise

Im 19. Jahrhundert reisten die Arbeitslosen der Gegend als »Klesmer« durch die Welt: Sie verdienten sich was als Wandermusiker.

Manche klesmerten nur in den Nachbarorten, andere kamen bis Mexiko und Japan. Über das **Talent** der Musiker schweigen die Quellen. Fest steht, dass sie nach der Erfindung des Grammophons niemand mehr hören wollte.

ⓘ**Tags** ⇉ 5, Weg

Siegen

Na, so schlimm ist es nun auch nicht! Guck doch mal: Sonne scheint! Und außerdem ist die Straße in Göttingen.

Daten

Bundesland	Nordrhein-Westfalen
Bewohner	104 419
Friedhofsfläche	730 000 m²
Friedhöfe	36
Davon geöffnet	26
Regentage / Jahr	216

Lage

Siegen liegt auf sieben Bergen. Und damit wissen wir jetzt endlich, wo diese Zwergen-WG lag: direkt dahinter!

Geschichte

2500 Jahre lang grub man hier nach Eisenerz. Über die stillgelegten Stollen und Schächte baute man anschließend Häuser. Die stürzen jetzt nach und nach wieder ein, wenn sich Tagesbrüche mit bodenlosen Löchern öffnen. Die Natur wird Siegen. Bzw. umgekehrt.

Berühmte Bürger

Die gebürtige Siegenerin **Karin Tietze-Ludwig** präsentierte der Nation drei Jahrzehnte lang Lottozahlen, die keiner hatte. Es gibt wohl keinen Menschen in Deutschland, der so viele Menschen über so lange Zeit so frustriert hat.

Gut zu wissen

Adolf Hitler erhielt in Siegen (wie in vielen anderen deutschen Städten) während der Nazizeit die **Ehrenbürgerschaft**. Während die meisten Orte das nach einer Weile peinlich berührt wieder zurücknahmen, dauerte es in Siegen trotz mehrerer Anläufe bis 2007, Hitler die Ehrung offiziell abzuerkennen.

Abreise

»Komm mit mir in meines Vaters Schloss, du sollst meine Gemahlin werden.« *(Brüder Grimm, Schneewittchen)*

Solingen ›

Daten

Bundesland	Nordrhein-Westfalen
Bewohner	161 779
Davon dick und doof	Ca. 6000*
Regentage / Jahr	236

* *Jährliche Besucher des Laurel-&-Hardy-Museums (geschätzt)*

Lage
Auf Messers Schneide

Dialekt / Volkstümliches
Die Menschen hier sind ein Volk von Tüftlern und Bastlern. So entstand unter anderem der Knirps. Diese »teleskopierbaren« Regenschirme wurden 1928 in Solingen erfunden und dann massenhaft hergestellt. Kein Wunder, wenn man weiß, dass Solingen zu den Städten mit den **meisten Regenstunden** in Deutschland zählt (▸ Wuppertal).
Seit einigen Jahren werden hier keine Knirpse mehr produziert. Das bedeutet nicht, dass das Wetter sich verbessert hätte, sondern, dass die Billiglohnregionen sich vom Bergischen Land nach Osten verschoben haben.

Berühmte Bürger
Veronika Ferres, »Deutschlands Diva« *(SZ-Magazin)*, entstammt einem Solinger Kartoffelhändlerhaushalt – was für sie spricht. **Gegen Solingen** spricht, dass die Frau erst nach München gehen musste, damit sich jemand für ihre Kartoffeln interessierte.

Bekannt durch …
… die Messer. Man nehme Eisenerz aus dem Siegerland und Wasserkraft aus den vielen Bächen in der Region, mache ein großes Feuer in der Hütte und fertig ist die stählerne Klingenschmiede.
Auf diese Art hatte man um 1800 alle Bäume in der Gegend verfeuert! »Nichts

ⓘ**Tags** ⇉ Autos, Weg

Der Fluchtwagen stand bereit. Nun musste sie nur noch die 37 Bettlaken zusammenknoten und ihr neues Leben konnte beginnen!

als Einöde und Menschen. Was tun sie da und wie halten sie das aus?«, schrieb damals ein französischer Reisender. Steinkohle und der Niedergang der Industrie halfen dem Wald. Aber die **Frage**, die bleibt!

✈ Abreise

Der Bhf Solingen (früher: S.-Ohligs) ist ICE-Passagieren ein Begriff – vom Durchrasen. Früher hielten die ICEs hier auch. Heute bleibt den Solingern nur: winken.

Stuttgart ›

Scho recht, dass da kehrt worde isch.
Aber die Kreiter müsset no weg!

Daten

Bundesland	Baden-Württemberg
Bewohner	600 068
Davon heißen Manfred	2210
Fluchtfahrzeuge	307 109
Regentage / Jahr	208

Lage

Stuttgart ist ein Ort an der Autobahnstrecke Karlsruhe–München, etwa zwei Stunden vor der bayrischen Landeshauptstadt.

Dialekt und Volkstümliches

Schwäbisch ist ein gemütlicher Dialekt mit einer Tendenz zur **Verharmlosung**. Gerne hängt der Stuttgarter den Diminutiv »-le« an seine Lieblingssachen: Städtle (Stuttgart), Audole (Porsche Cayenne), Häusle (300-qm-Villa in Halbhöhenlage). Ansonsten sind die meisten Einwohner davon überzeugt, ein sauberes Hochdeutsch zu sprechen.

Sauberkeit ist eine schwäbische Tugend, die auch in der Großstadt gepflegt wird. In ihrer Freizeit betreiben die Stuttgarter ein Hobby namens *Kehrwoche*, bei dem jeder reihum das Treppenhaus und den Gehweg feucht aufwischt. Örtliche Drogeriemärkte bieten Kehrpakete an. Während auf den umliegenden Dörfern die alten Frauen samstags die Hauptstraße fegen und durchfahrende Motorradfahrer beschimpfen, geht man die Sache in Stuttgart nachhaltiger an: Brachflächen werden ausschließlich mit glattkantigen Gewerbeklötzen gefüllt, zwischen denen sich keiner mehr freiwillig aufhält. Und wo keiner ist, macht auch keiner Dreck. (→ Termine)

Nach dem Weg fragen in Stuttgart

Bitte … zur Zeppelinstraße?	Zeblinstrooß, do rom oddr do nom?
Tut mir leid, keine Ahnung.	Waas wellet Sie do?
Ich verstehe nicht gut Schwäbisch.	Waas henze xagt?
Fragen Sie am besten jemand anders.	Drähet Se rom, naa die erschte rechts, Stückle nuff, zwoimal links, an dr Ambl grad dr Berg nuff ond bei dr Kirch rechts, na henzes!
Ich glaub Ihnen kein Wort.	Dangge!

Berühmte Bürger

Wilhelm Maybach erfand zusammen mit **Gottlieb Daimler** in dessen Gewächshaus in Stuttgart-Bad Cannstatt den ersten schnell laufenden Verbrennungsmotor. Dabei wurden die beiden einmal angezeigt, weil Nachbarn hinter dem Lärm aus dem Garten eine Falschmünzerei vermuteten – was für den weiteren Verlauf der Stuttgarter Verkehrspolitik allerdings weniger folgenreich gewesen wäre.

Fußball

Der gelernte Bäcker **Jürgen Klinsmann** startete seine Profikarriere bei den Stuttgarter **Kickers** (»Die Blauen«), einem kleinen Verein im hoch gelegenen Stadtteil Degerloch. Dann wechselte er zum **VfB** (»Die Roten«), der unten im Tal spielt – dafür aber in der Ersten Liga.
Nach viel Hin und Her lebt er jetzt in Kalifornien. Aber die Klinsmann-Bäckerei, die gibt's noch!

Unbedingt verpassen

Wer für körperliche Anstrengung nicht so geeignet ist, meidet, was der Stuttgarter niedlich »Stäffele« nennt: Es gibt 20 Kilometer öffentliche **Treppen** in der Stadt!

Was alle anschauen

Filme: Der Spielfilmregisseur Roland Emmerich (»'s Spielbergle«) kam in Stuttgart zur Welt, studierte in München und ging, sobald er konnte, nach Hollywood, um dort fortan Stuttgart, Hollywood und die restliche Welt in immer neuen Filmen (»Independence Day«, »Godzilla«, »2012«) untergehen zu lassen.

Termine

»Let's putz Stuttgart«: Von März bis Oktober sollen die Stadtbezirke laut stadteigener Homepage möglichst viele Einwohner fürs Müllsammeln gewinnen. **Und von November bis Februar sieht's aus wie d'Sau oder was?!?**

Bekannt durch ...

... **Daimler** und **Porsche**. Der Sportwagenhersteller hat das Stuttgarter Wappenrössle sogar im Logo, und auf dem Hauptbahnhof dreht sich seit 1952 ein riesiger Mercedesstern.

Gerade der Bahnhof war den Schwaben aber ein Dorn im Auge: Man konnte die Züge sehen. Das geht nicht in einer Autostadt! Die Gleise kommen jetzt unter die Erde, im Moment pflügt man deshalb für wenige Milliarden Euro die Innenstadt um.

Na ja, wenn man ehrlich ist: Es gibt schönere Bahnhöfe.

ⓘ**Tags** ⇉ AKW, Autos, Flanier, Kohl

Schnell zu besichtigen

Der englische Autor Jerome K. Jerome beschrieb Stuttgart 1914 als sehr nett. »Zusätzlicher Vorteil: Es gibt so wenig Interessantes zu sehen, dass man keine Umwege machen muss.« Zwei Dinge seien aber erwähnt:

Die erste Waldorfschule. Man erkennt sie leicht an den fünf- bis siebeneckigen Fenstern und daran, dass die jüngeren Schülerjahrgänge keine offenen Waffen tragen. Rudolf Steiner, der »Jesus Christus des kleinen Mannes« (Tucholsky), gründete die Schule 1919 für die Arbeiterfamilien der Waldorf-Astoria-Zigarettenfabrik. Das Rauchen ist in den Schulen inzwischen verboten, Eurythmie noch nicht.

Der Fernsehturm. Zu geizig für einen wirklich hohen Turm, setzten die Stuttgarter ihr Türmle einfach auf einen hohen Berg. So waren die TV-Programme überall empfangbar und die Touristen zahlten durch die Eintrittsgelder schnell die Baukosten. Trotzdem waren viele Bürger gegen den Bau. Seit 2006 strahlt die Antenne gar kein Fernsehen mehr aus, aber inzwischen haben sich die Stuttgarter an den Anblick gewöhnt, außerdem wäre ein Abriss auch wieder teuer.

Nicht so hoch, dafür günschtig: Stuttgarter Fernsehtürmle

Gut zu wissen

»Man lebe nur eine Zeitlang unter Schwaben!« *(Nietzsche, Jenseits von Gut und Böse)*

Abreise

A8 nach München. Geht mit dem Auto normalerweise schneller als mit der Bahn.

Trier ›

Alfred Hitchcock drehte in Trier seinen Thriller »Die Stiefel« .

Daten

Bundesland	Rheinland-Pfalz
Bewohner	104 640
Wahlberechtigte 2006	75 875
Davon Wähler	50,489 %
Unternehmen	26
Davon Sekthersteller	11,538 %
Regentage / Jahr	211

Lage

Nur fünfzig Kilometer entfernt von Luxemburg, der Hauptstadt von Luxemburg. So mancher hat aus Sentimentalität auch heute noch ein abschließbares Lederköfferchen auf dem Rücksitz – so fuhr man hier jahrelang sein **Schwarzgeld** über die grüne Grenze.

Geschichte

Die Römer – wer sonst – gründeten Augusta Treverorum 16 v. Chr., um von hier aus ein bisschen die Germanen ärgern zu können.

Die späteren Unterdrücker-Regime setzten sich aus Vandalen, Alanen, Sueben, Franken, Katholiken und Wikingern zusammen. Aber auch Spanier, Franzosen und Preußen knechteten die Einwohner. Im Zweiten Weltkrieg wurde Trier von Amerikanern erobert, danach von der CDU. Wann die Chinesen kommen, ist noch nicht ausgemacht. Die Katholiken sind übrigens immer noch da.

Berühmte Bürger

1. **Trier, Trick und Track** (→Heiratsmarkt)

2. **Karl Marx** wurde hier geboren, verließ Trier alsbald und mäkelte fortan am Kapitalismus rum. Daraus entstand sein Buch *Das Kapital*. Später gelang es der katholischen Kirche, ihn umzudrehen

und als **IM Reinhard** wieder in Trier einzuschmuggeln. Getarnt als Bischof Reinhard Marx verfasste er nochmals das Buch *Das Kapital*.

Was alle anschauen

Die Porta Nigra. Dieses römische Stadttor war schon im Mittelalter derart **versifft** und verrußt, dass die Einwohner es Porta Nigra, »Schwarzes Tor« nannten. Die UNESCO hat das Bauwerk, so wie es ist, auf die Liste des Welterbes gesetzt, deswegen trauen sich die Trierer nicht, es endlich mal abzukärchern.

Schnell zu besichtigen

Die wohl schnellste Art der Besichtigung Triers ist eine Teilnahme an der *Rallye Deutschland*. Dabei rasen die Teilnehmer zunächst durch die umgebenden Weinberge und später mitten durch die Stadt. Die bekanntesten Sehenswürdigkeiten können so in wenigen **Sekunden** abgeklappert werden.

Heiratsmarkt

Trier tut was für eine wachsende Einwohnerzahl. Nein, keine spezielle Familienförderung! Billiger: Trier besteuert Zweitwohnsitze.
Dank dieses Tricks melden sich mehr Teilzeittrierer fest an und werden zur Einwohnerzahl addiert. Auf diese Weise kam man über 100 000 – und wurde damit offiziell Großstadt.

Gut zu wissen

Trier ist die älteste Stadt Deutschlands – es sei denn, eine von dem Dutzend anderer Städte hat Recht, die das auch von sich behaupten.

Abreise

Per Schiff. Allerdings hat die Mosel furchtbar viele Kurven, so dass einem auch ohne Wellengang schlecht werden kann.

Ulm ›

Daten

Bundesland	Baden-Württemberg
Bewohner	121 648
Auswandererwellen	3 (Anfang und Ende 17. Jh., Anfang 19. Jh.)
Bedeutende Auswanderer	1 (Albert Einstein, 1880)
Regentage / Jahr	200

Lage

17 senkrecht (»Münsterstadt, 3 Buchstaben?«).

Geschichte

1200 Jahre und mehr. Für die unzufriedenen Bürger erfand man vor 200 Jahren *Neu-Ulm* (auf der anderen Donauseite). Gut 50 000 Ulmer nahmen das Angebot bis jetzt an, obwohl sie damit Bayern wurden.

Was alle anschauen

Den höchsten Kirchturm der Welt.

Majestätisch erhebt sich der Turm des Ulmer Münsters über die malerische Altstadt.

Bekannt durch …

… den Zungenbrecher »in Ulm, um Ulm und weiträumig um Ulm herum«.

ⓘTags ⇉ AKW

Schnell zu besichtigen

Die Altbausubstanz in Ulm. Nachdem 1944 durch Bomben bereits über 80 % der Häuser verschwunden waren, rissen die Ulmer nach dem Krieg auch fast alle übrig gebliebenen Altbauten ab, um eine **autogerechtere** Innenstadt zu bekommen. In den letzten Jahren arrangierte man dann einige verwegen moderne Gebäude neben die verbliebenen alten Fassaden, um Ulm … um um Ulm … ja, warum eigentlich?

Gut zu wissen

Die Ulmer Stadtflagge ist einfach: oben schwarz und unten weiß. Vorteil: Wenn mal wieder Krieg ist, schneiden sie sie einfach auseinander. Die obere Hälfte für die Verdunkelung, die untere für die Kapitulation.

Abreise

Der nächste größere Flughafen ist 80 Kilometer entfernt. Doch ein Mann hätte es fast geschafft, von Ulm wegzufliegen: **Albrecht Berblinger**, »der Schneider von Ulm«, baute jahrelang an einem Hängegleiter aus Holz und Seide. Am 31. Mai 1811 stieg er damit auf ein Gerüst am Donauufer, schaute eine Weile »bleich wie ein Käs« hinunter – und sprang!

Leider fiel er wie ein Stein in die Donau, zum Gespött der ganzen Stadt. Trotzdem sei dieser heroische Versuch, der Enge und dem Mief Ulms zu entkommen, hier ausdrücklich gewürdigt!

Weimar ›

Klassiker nachgespielt: Hofräthin Witwe Charlotte Kestner, geb. Buff, fährt nebst Tochter und Bedienung im Hotel Elephant vor.

Daten

Bundesland	Thüringen
Bewohner	64 938
Essen & Trinken	Weimarer Zwiebelmarkt & VEB Coca Cola
Hotelbetten	3344
Durchschnittlicher Aufenthalt	1,9 Tage
Regentage / Jahr	199

Lage

Im Herzen Thüringens, dem grünen Herz Deutschlands. – Nein, ich wusste auch nicht, dass Herzen grün sind.

Dialekt / Volkstümliches

Das in Weimar gepflegte Thüringisch ist in der Regel gut zu verstehen. Für Verwirrung (und Umsatzeinbußen bei der örtlichen Gastronomie) sorgt lediglich der Umstand, dass das thüringische Wort für »Ja« **ausgerechnet** »No« lautet.

Geschichte

Die ersten Weimarer siedelten sich vor etwa 200 000 Jahren an. Kurz danach wohnte **Goethe** hier. Für die meisten Einwohner endet die Geschichte an dieser Stelle.

Vor und während der Nazizeit waren alle Bürger im Widerstand oder komplett ahnungslos. 1945 fand sich, **zur Überraschung aller**, vor den Toren der Stadt das Konzentrationslager Buchenwald, das keiner gewollt hatte. Und vorher muss auch eine Republik hier gewesen sein, die ebenfalls keiner gewollt hatte.

ⓘ**Tags** ⇉ GJW, Löwe

Berühmte Bürger

Johann Wolfgang von Goethe (Geheimer Rat, Esoteriker und Gedichteschreiber) lebte ab 1775 in Weimar. 1799 zog auch Schiller in die Stadt.

Vor dem Nationaltheater steht das gemeinsame Standbild der beiden Dichterfürsten *(»Warte nur, balde stehest du hier auch!«).*

Obwohl Goethe seine Damenbesuche sorgfältig taktete (»Frauenplan«), ergaben sich zu Stoßzeiten manchmal längere Wartezeiten.

Bekannt durch …

… die Hunderasse »Weimaraner«, die hier gezüchtet wurde. Die Weimarer (Menschen) empfinden die Bezeichnung Weimaraner daher als **Beleidigung**. Goethe nannte seine Mitbürger ausschließlich Weimaraner.

Schnell zu besichtigen

Die Anna-Amalia-Bibliothek ist architektonisch sehr hübsch. Und weil die meisten Bücher vor einigen Jahren verbrannt sind, ist man auch schnell wieder **raus**.

Gut zu wissen

Das Dessauer »Bauhaus« war ab 1919 zunächst in Weimar angesiedelt. Der Thüringer Landtag vergraulte die Architekten und Designer allerdings nach ein paar Jahren, dann war wieder Ruh über allen Gipfeln.

Abreise

Morgens. Unabgemeldet. Richtung Italien. (Tagebuch mitnehmen!)

Wiesbaden ›

☛ Daten

Bundesland	Hessen
Bewohner	276 742
Heiße Quellen	14
Schluckbrunnen	30
Anfragen zur Kreditwürdigkeit	77 Mio. / Jahr
Religionsgemeinschaften	29
Regentage / Jahr	143

Lage

Nicht am Meer, auch wenn man früher vom »Nizza des Nordens« sprach, sondern am Rhein, gegenüber →Mainz (von dem ihm nach dem Zweiten Weltkrieg einige Stadtteile zugeflogen sind, und: oh nein, die Mainzer sind nicht glücklich darüber).

Geschichte

Zwei Dinge liebten die alten Römer: warm baden und Leute mit Waffen bedrohen. Für beides war Wiesbaden **prima** geeignet, deswegen gab es hier damals schon reges Leben. Danach war Ruhe bis 1806, als Wiesbaden Residenzstadt wurde: Innerhalb von 60 Jahren wurden alle Häuser gebaut, die man heute noch sieht. Bleibt der Rhythmus so, wird es etwa im Jahr 3500 wieder interessant hier.

Was alle anschauen

Die heißen Quellen. Wiesbaden ist Kurstadt. Kuren waren früher ein gesellschaftliches Ereignis: Man ließ es sich gut gehen, trank morgens ein Glas Thermalwasser und abends **Sekt**, fuhr mit der Kutsche rum und gab Geld für Kapriolen und Kurschatten aus. Prost!
Heute: Arzt verschreibt, Krankenkasse zahlt. Seychellen? Nee: Wiesbaden!!!

ⓘ**Tags** ⇉ Autos, Mord

Bekannt durch …

… das Casino. Dostojewski brachte hier nicht nur das Honorar seines (noch ungeschriebenen) Romans *Der Spieler* durch, sondern lernte während seines Aufenthalts auch noch die **Pfandleiher** der Stadt kennen. Gutes Geschäft fürs Casino. Verständlich, dass Wiesbaden noch heute mit Dostojewski wirbt.

Gut zu wissen

Die Wiesbadener selbst haben das Wasser der warmen Quellen nie getrunken. Zu schweflig, zu salzig. Mit großem Aufwand bauten sie Wasserleitungen und bohrten tief in der Erde nach normalem Trinkwasser.

Keine Angst, kleiner Vogel, der will nur spielen!
Parkwächter Goethe mit Kuscheltier

Abreise

1968 wurde in Wiesbaden die welterste Busspur eröffnet. Die Leute sind stolz drauf – tun Sie ihnen also den Gefallen und reisen Sie per Bus ab!

Wolfsburg ›

Die Opelstadt wird Wolfsburg ganz selten genannt.

Daten

Bundesland	Niedersachsen
Bewohner	120 538
Fuhrpark der Verkehrs-GmbH	90 Busse
Davon VW	11 Busse
Bekannteste Speise	VW-Currywurst
KompostPlus im 30-Liter-Sack	2,50 € als Feinabsiebung (0–15 mm)
Regentage / Jahr	146

Lage

Wolfsburg liegt beim VW-Werk, einem »Symbol des nationalsozialistischen Deutschen Staates, der nationalsozialistischen Volksgemeinschaft«. *(Adolf Hitler)*

Geschichte

Die »Stadt des KdF-Wagens bei Fallersleben« wurde 1938 gegründet. 1939 begann man dann Häuser zu bauen. 1942 merkte man, dass Wohnungen nicht so wichtig waren: Baracken reichten, um die Zwangsarbeiter unterzubringen, die in der **Stadt d. KdF-W. b. F.** Bomben und Kübelwagen zusammenschraubten. 1945 änderte man den bekloppten Namen in »Wolfsburg«, baute Käfer und tat so, als sei nix gewesen.

Berühmte Bürger

Hoffmann von Fallersleben, der Textdichter des **Deutschlandlieds**, war Wolfsburger – freilich bevor es Wolfsburg gab.
Vor dem Zweiten Weltkrieg sang man kurz alle drei Strophen der Hymne, während der Nazizeit nur die erste, seither nur die dritte. Für einen Dichter sicher unbefriedigend, aber er hat's ja nicht mehr erlebt.

Gut zu wissen

Ausgerechnet die Porschestraße ist eine **Fußgängerzone**!

Benzin all'italiana. Das Schönste an der VW-Stadt ist die städtische Tankstelle.

Bekannt durch …

… JettaBoraTiguan
PoloLupoFoxTouran
SciroccoCaddyGolfSharan
CaddyKäferFahnfahnfahn
PassatK70Autobahn

Fußball

Der **VfL Wolfsburg** ist nicht gerade der Meister der Herzen. Als man 2009 erstmals den Titel gewonnen hatte, sagte der VW-Chef: »Deutscher Meister ist Volkswagen.« Beim Konkurrenten FC BMW München lachte man nur trocken und wurde 2010 zum 22. Mal Meister. Immerhin ist der VfL der Verein mit der kürzesten Zeitspanne zwischen Stadtgründung und Bundesliga-Aufstieg: 59 Jahre. (München: 807 Jahre).

Abreise

Man läuft und läuft und läuft und läuft und läuft und läuft …

Wuppertal ›

Es gibt keine Schlossallee in Wuppertal. Und selbst die Badstraße mussten sie sich aus Reutlingen leihen.

Daten

Bundesland	Nordrhein-Westfalen
Bewohner	353 308
»Wuppertal aktuell« 2009*	23.11.: kein Uni-Neubau
	25.11.: Brücke gesperrt
	28.11.: Haus abgerissen
	29.11.: Ex-Bahntrasse gerodet
Regentage / Jahr	236

* *Stadteigene Homepage www.wuppertal.de (Stand: 29.11.2010)*

Lage

An der Wupper. Im Tal und hangwärts. Wuppertal ist kurios lang und dünn. Es ist sozusagen das **Magermodel** unter den deutschen Großstädten … wenn es ein bisschen hübscher wäre, hätte Karl Lagerfeld es garantiert schon fotografiert!

Dialekt / Volkstümliches

Unzählige Treppen mit insgesamt 12 000 **Stufen** bieten den Masochisten unter den Fußgängern eine schöne Auswahl.

Berühmte Bürger

Alice Schwarzer wurde in Wuppertal geboren, genau wie der *Derrick*-Darsteller **Horst Tappert**. Wenn man die beiden kombiniert, kommt der Satz raus: »Emma, fahr schon mal den Harry um!«

Fußball

Er war das Manufaktum unter den deutschen Politikern (Es gibt sie noch, die guten Sprüche): **Johannes Rau** aus Wuppertal-Barmen. Schönste Antwort auf die Frage, ob man Fußballstadien nicht auch nach Frauen benennen könne: »Wie soll denn das dann heißen? Ernst-Kuzorra-seine-Frau-ihr-Stadion?«

ⓘ **Tags** ⇉ Löwe, Schweiz, Weg

Was alle anschauen

Raufaser. Es war nicht **Hugo Wuppertal** aus Erfurt, sondern Hugo Erfurt aus Wuppertal, der vor 150 Jahren die Raufasertapete erfand. Ursprünglich war sie nur für die Dekoration von Schaufenstern gedacht. Irgendein Bauhaus-Architekt fand es dann witzig, junge Menschen bei der WG-Zimmer-Renovierung stundenlang mit Holzspänen versetzte Papierfitzelchen abkratzen zu lassen, und verfügte, dass fortan Raufaser an jede deutsche Wand gepappt werden müsse.

Bekannt durch …

… die Schwebebahn. Die schwebt eigentlich nicht, sondern hängt, aber luftig ist es trotzdem. In der über 100-jährigen Geschichte der Bahn gab es trotzdem nur einen Passagier, dessen Höhenangst so groß war, dass er randalierte und schließlich in die Wupper stürzte. Das war 1950. Es handelte sich um einen Zirkuselefanten namens **Tuffi**, der unverletzt blieb. Die örtliche Milchfabrik nannte sich danach ebenfalls *Tuffi*. Offenbar kann man ihre Milch in die Wupper kippen, ohne dass sie kaputtgeht.

Gut zu wissen

In Wuppertal regnet es nicht **jeden Tag**. Aber fast. Die atlantischen Tiefdruckgebiete, die hier ankommen, haben Wolken dabei, die sich in den Bergen fangen, aufsteigen, kondensieren – und dann abregnen. Genau auf Wuppertal.

Abreise

Mit den Tiefs Richtung Osten. Oder doch nach Düsseldorf? Zumindest der Weg wird empfohlen: »Man trifft auf diesem Wege, der immer bergan und ab geht, fast alle Vierthel Stunde ein Wirtshaus.« *(F. C. Müller, 1774)*

Würzburg ›

Daten

Bundesland	Bayern
Bewohner	133 501
Selbsterkenntnis	»Würzburg. Provinz auf Weltniveau«*
Irre	»Würzburger Schlüssel« seit 1933
Irreparabel	Gründung der CSU am 13.10.1945
Regentage / Jahr	137

* *Motto der Würzburg-AG*

Lage

Da, wo die A3 am stausten ist – zwischen Würzburg-Randersacker und Würzburg-Kist.

Dialekt / Volkstümliches

In Würzburg leben Franken, und zwar seit mindestens 1300 Jahren. Das bleibt dann wohl so.

Gut zu wissen

Die Chinesen haben die Festung Marienberg gekauft.

Berühmte Bürger

»Tandaradei! Schöne sanc die Nachtigal.« Sich **Walther von der Vogelweide** minnesingend im fränkischen Bierdunst vorzustellen tut weh. Aber sein Grabstein ist trotzdem in Würzburg.

Was alle anschauen

Die Mainbrücke aus dem 15. Jahrhundert sieht aus wie die Prager Karlsbrücke. Allerdings sind die Brückenheiligen in Prag tatsächlich Heilige – in Würzburg befinden sich auch einfache Promis darunter, zum Beispiel **Bischof Bruno**: Der legte 1040 den Grundstein zum örtlichen Dom. Fünf Jahre später starb er bei einem Festmahl auf einem Schloss. Das Essen muss schwer gewesen sein: Der Fußboden gab nach, die Gesellschaft (inkl. König Heinrich III.) krachte in die darunterliegende Schlosswäscherei. Der König fiel weich in die Wäsche, Bruno knallte auf einen Beckenrand und starb.

Abreise

Mainabwärts treiben lassen Richtung →Offenbach.

Ich hab mich auch erst verlesen!

Zwickau

Hinten: das Arbeitsamt. Vorne: mehrere 1-Euro-Jobs.

Daten

Bundesland	Sachsen
Bewohner	94 887
Zur Orientierung	Bockwa, Crossen, Hüttelsgrün, Schleppendorf, Schlunzig
Zur Erinnerung	ITT – Internationales Trabantentreffen
Regentage / Jahr	180

Lage

Saggsn.

Dialekt / Volkstümliches

Zwickau ist eine Autostadt. Erst kam Horch/Audi, dann der VEB Sachsenring, der Hersteller des Plastebombers **Trabant**. Wer in der DDR 18 wurde, bestellte so ein Auto. Mit Anfang 30 bekam man den Trabbi dann.
Wenn man ihn direkt verkaufte, erzielte man den doppelten Neupreis. Schneller Verkauf war auch sinnvoll, denn wenn der Trabi das erste Mal kaputtging, gab es keine Ersatzteile. Also wieder warten …

Berühmte Bürger

Auric **Goldfinger**, James Bonds coolster Gegenspieler (»Erwarten Sie, dass ich rede?« – »Nein, Mister Bond, ich erwarte, dass Sie sterben!«), stammte aus Zwickau. Jedenfalls sein Darsteller Gert Fröbe, der in der englischen Version des Films übrigens wegen zu starken Angelsächselns synchronisiert wurde.

Wendig, schnell, ausdauernd und robust! Der neue Trabant 601

Abreise

Rrrremmm-bem-bem-bem-bem …

Städtegruppen ‹

Als kleinen zusätzlichen Service habe ich die meisten der Städte, die in diesem Band vorgestellt werden, zu **Grüppchen** zusammengestellt. Die Kriterien waren dabei absonderlich bis unklar, aber es hat Spaß gemacht. Falls Sie sich bei der Lektüre also über die kleinen Stichworte unten an der Seite gewundert haben: Hier ist die Auflösung, jetzt können Sie nachschauen, **welche** Städte was gemeinsam haben.

Stichwort	**Erklärung**
5	Nennt sich Großstadt und die Vorwahl hat genauso viele Stellen wie die von Hitzacker.
AKW	Eins unserer fabelhaft sicheren und hübschen Atomkraftwerke ist näher als 50 Kilometer.
Autos	Auf 1000 Einwohner sind mehr als 450 Autos zugelassen.
Bahnhof	Diese Städte hatten irgendwann mal »den modernsten Bahnhof Deutschlands«.
Beimer	Ort, in dem es die Lindenstraße nur im Fernsehen, aber nicht auf dem Stadtplan gibt.
CBL	Teile der ÖPNV-Infrastruktur sind in Cross-Border-Leasing-Geschäfte verwickelt.
Flanier	Irgendwo steht, hier sei die erste Fußgängerzone Deutschlands gewesen.
GJW	Diese Städte liegen an der Bahnlinie Gera – Jena – Weimar.
Kohl	Geburtsorte der Mitglieder von Helmut Kohls erstem Kabinett.
Löwe	Im Stadtwappen ist ein Löwe enthalten.
Mord	Im Jahr 2008 gab es hier mehr als drei Ermordete oder Totgeschlagene auf 100 000 Einwohner.
Nr	Aus diesen Kennzeichen lässt sich *Abreiseführer* machen: A, B, RE, IS, E, FÜ, HR, ER (okay, Siegen steht auf dem Kopf).
Schweiz	Eine der vielen Schweizen (Fränkische, Holsteinische, ...) ist nicht weit weg.
Stadt	Im Namen der Stadt kommt »Stadt« vor.
Topp	Mindestens vier Mal Wetten-Dass-Gastgeber seit 1981.
Weg	Es ziehen (Stand 2008) mehr Leute weg, als neu kommen.

Berichtigungen, Entschuldigungen, Danksagungen ‹

Berichtigung

Bei der Bebilderung der Mannheim-Seite ist ein Fehler passiert. Das Foto zeigt nicht den Stadtplan von Mannheim, sondern einen Badezimmerboden! Bitte verwenden Sie das Bild nicht zur Orientierung in Mannheim (außer in den dortigen Badezimmern).
Das korrekte Bild – erkennbar an der dreckigen Luft – ist hier:

Entschuldigung

Fotos: Manche Städte errichten die Gebäude, die ihre Hässlichkeit am besten illustrieren, aus Tarnungsgründen in anderen Städten. Deshalb stammen Fotos vereinzelt aus anderen Städten (siehe Bildnachweis nebenan).
Gelsenkirchen: Carmen Thomas verdreht sicher nur noch die Augen, wenn wieder jemand »versehentlich« mit ihrem 1973er-Versprecher »Schalke 05« kommt, aber … oh, Sie hatten es gar nicht bemerkt?
Nürnberg: Adolf Braun hieß tatsächlich so, war aber gar nicht braun, sondern rot. Er war SPD-Politiker und starb 1929. Vermutlich hätte er sich nicht über meine Adolf-Eva-Braun-Assoziation gefreut. Entschuldigung.

Danke

Für **Fotos** vielen Dank an Miriam Bauer, Oliver Domzalski, Markus Hans und Sonja Hishow, Antje Haubner, Lena Kaiser, Holger Kiggen, Matthias Klein, Klaus Maurer, Bernd Müllender, Tina Ruland, Gina Varchetta.
Für **Anregungen** geht Dank an die Wikipedia-Diskussionsseiten zu vielen Städten (»… sollten wir nicht reinschreiben, das ist doch total negativ!«) und die Macher der offiziellen Webangebote aller Großstädte in Deutschland!
Für die **Karten** danke ich Rolf Mütze, der mich verblüffend gut zeichnen kann.

Bildnachweis

(Alle hier nicht genannten Fotos stammen aus dem Archiv des Autors.)

Vorwortfoto: © Google Streetview

Aachen (vier Fotos): © Bernd Müllender

Berlin (alle): © Miriam Bauer

Bielefeld, Bahnhof: © Tina Ruland

Bielefeld, OWD: © Colin David

Bielefeld, Universität: © Horst Althöfer

Bremen (alle): © Lena Kaiser

Chemnitz, Bäcker: © Matthias Klein

Cottbus: © Miriam Bauer

Dresden, Panorama: © Reiner Büdenbender

Dresden, Restaurant Mykonos: © Sonja Hishow, Markus Hans

Frankfurt/Main (alle): © Antje Haubner

Hamburg (vier Fotos): © Lena Kaiser

Hamburg, Hauptbahnhof: © Antje Haubner

Heilbronn, Luftbilder: © Holger Kiggen

Kampen, Flotte Flitzer: © Diane Wippermann

Karlsruhe, Bambi: © Tina Ruland

Lübecker Hütchen: © Heidi Roloff

Mannheim: © Holger Kiggen

München: © Matthias Klein

Neumayer-III-Station: © Jürgen Janneck/Alfred-Wegener-Institut für Polar- und Meeresforschung

Palma de Mallorca (zwei Fotos): © Gina Varchetta

Potsdam, Grabplatte: © Oliver Domzalski

Potsdam, Interhotel: © DDR

Siegen, Brautpaar: © Miriam Bauer

Spuren im Sand: © Horst Schnörer

Karten mit Zeichnungen: © Rolf Mütze

Folgende Fotos stammen aus anderen Städten:

Bayreuth: Bagger aus Reutlingen; Kneipe aus Bergisch-Gladbach

Bielefeld: Bibliothek aus Gera

Cottbus: Mütze aus Berlin (Besitzer bitte melden!)

Erlangen: Platz aus Essen

Kiel: Schild weg aus Darmstadt; Imbiss aus Köln

Leipzig: Bunte Balkone aus Chemnitz

Leverkusen: Spielothek aus Gera

Lübeck: Hochhaus aus Halle an der Saale

Nürnberg: Bunker aus Krefeld

Oldenburg: Eis aus Köln; Fahrschule aus Krefeld

Paderborn: Glashaus aus Wolfsburg

Regensburg: Kraftwerk aus Hamm-Uentrop

Remscheid: Fassade aus Ingolstadt

Rostock: Spielothek aus Gera

Siegen: Umbau aus Hannover, Brautpaar aus Berlin

Solingen: Hochhaus aus Chemnitz

Trier: Krieg aus Erfurt; Stiefel aus Leipzig

(Bei allen weiteren ist es in der Bildunterschrift vermerkt.)

Sonderteil:

Die schönsten Industriegebiete haben Bottrop, Hagen, Ingolstadt und Kiel.

Hidden ~~Track~~ See <

Daten

Bundesland	Mecklenburg-Vorpommern
Bewohner	1000
Fläche	19,02 km^2
Höhe	1 m über NN
Spezialitäten	Sanddorn, Schmooraal, Boddenzander
Regentage / Jahr	136

Lage

Die Insel Hiddensee schmiegt sich an die Insel Rügen in der Ostsee.

Geschichte

Jahrtausendelang war auf Hiddensee nichts los. Im 20. Jahrhundert kamen dann einige Künstler, eben weil sie hier ihre **Ruhe** hatten. Inzwischen hat man auch vor den Künstlern wieder Ruhe.

Berühmte Gäste

Einstein war mal da. Ist aber relativ lang her.

Unbedingt vergessen

Den Farbfilm! Nur so kann man Nina Hagens Hit nachsingen: »Hoch stand der Sanddorn am Strand von Hiddensee / Micha, mein Micha, und alles tat so weh«, wenn man zurück daheim ist und entdeckt, dass man »Landschaft und Nina und alles« nur schwarz-weiß aufgenommen hat.

Schnell zu besichtigen

Das Hochland. Anders als bei vergleichbaren Inseln wie Schottland oder Südamerika ist es **70 Meter** hoch und schnell abgewandert.

Abreise

Da man sein Auto nicht mit auf die Insel nehmen darf, ist man auf das Wohlwollen der örtlichen Bootsbesitzer, Ballonfahrer oder Fährleute angewiesen.

ⓘ**Tags** ⇉ Beimer